全国建设行业职业教育任务引领型规划教材

房地产法规应用实务

(房地产类专业适用)

主编 郑龙清
主审 彭后生

中国建筑工业出版社

图书在版编目（CIP）数据

房地产法规应用实务/郑龙清主编．—北京：中国建筑工业出版社，2009

全国建设行业职业教育任务引领型规划教材．房地产类专业适用

ISBN 978-7-112-11027-8

Ⅰ．房… Ⅱ．郑… Ⅲ．房地产业–法规–中国–职业教育–教材 Ⅳ．D922.181

中国版本图书馆 CIP 数据核字（2009）第 090457 号

本书共分六部分，从房地产法相关法律基础知识、房地产开发、房地产建设、房地产交易、房地产中介、房地产售后服务等方面介绍房地产法的重要制度；在阐述了基本法学理论的基础上，通过实践案例串联起房地产实务中所涉及的土地管理、房地产开发、房地产交易、房地产中介、物业管理等一系列问题，深入浅出地论述了有关法学理论和基础知识，创新性地进行案例设计。通过对具体案例的讲解，将实践中可能遇到的法律问题加以分析，理论与实务并重，既有法学理论的阐述，又有实务操作的深入讲解，具有较强的实用性。

本书适于职业院校房地产类专业教材，也可作为房地产企业相关工作人员培训教材。

* * *

责任编辑：张　晶　朱首明
责任设计：赵明霞
责任校对：兰曼利　王雪竹

全国建设行业职业教育任务引领型规划教材

房地产法规应用实务

（房地产类专业适用）

主编　郑龙清
主审　彭后生

*

中国建筑工业出版社出版、发行（北京西郊百万庄）
各地新华书店、建筑书店经销
北京嘉泰利德公司制版
廊坊市海涛印刷有限公司印刷

*

开本：787×1092 毫米　1/16　印张：7½　字数：182 千字
2009 年 8 月第一版　2018 年 12 月第四次印刷
定价：15.00 元
ISBN 978-7-112-11027-8
（18270）

版权所有　翻印必究
如有印装质量问题，可寄本社退换
（邮政编码 100037）

教材编审委员会名单

主　任：温小明

副主任：张怡朋　游建宁

秘　书：何汉强

委　员：（按姓氏笔画排序）

　　　　王立霞　刘　胜　刘　力　刘景辉

　　　　苏铁岳　邵怀宇　张　鸣　张翠菊

　　　　周建华　黄晨光　彭后生

序　言

　　根据国务院《关于大力发展职业教育的决定》精神，结合职业教育形势的发展变化，2006年底，建设部第四届建筑与房地产经济专业指导委员会在建筑经济管理、房地产经营与管理、物业管理三个专业中开始新一轮的整体教学改革。

　　本次整体教学改革从职业教育"技能型、应用型"人才培养目标出发，调整了专业培养目标和专业岗位群；以岗位职业工作分析为基础，以综合职业能力培养为引领，构建了由"职业素养"、"职业基础"、"职业工作"、"职业实践"和"职业拓展"五个模块构成的培养方案，开发出具有职教特色的专业课程。

　　专业指导委员会组织了相关委员学校的教研力量，根据调整后的专业培养目标定位对上述三个专业传统的教学内容进行了重新的审视，删减了部分理论性过强的教学内容，补充了大量的工作过程知识，把教学内容以"工作过程"为主线进行整合、重组，开发出一批"任务型"的教学项目，制定了课程标准，并通过主编工作会议，确定了教材编写大纲。

　　"任务引领型"教材与职业工作紧密结合，体现职业教育"工作过程系统化"课程的基本特征和"学习的内容是工作，在工作中实现学习"的教学内容、教学模式改革的基本思路，符合"技能型、应用型"人才培养规律和职业教育特点，适应目前职业院校学生的学习基础，值得向有关职业院校推荐使用。

建设部第四届建筑与房地产经济专业指导委员会

前　言

　　房地产业是我国改革开放后，随着社会主义市场经济建设的发展和经济体制改革的深入而发展起来的一个新兴行业。在房地产业发展过程中所形成的各种关系和所产生的一系列问题，需要通过法律法规等规范来调整和指导。随着房地产行业的不断稳步发展，房地产法的立法工作在有条不紊地进行着。本着土地公有原则、土地有偿使用、珍惜并合理利用土地和切实保护耕地、房地产综合开发、城镇住房商品化、宏观调控与市场调节相结合的房地产法基本原则，目前我国已经着手制定和完善了《中华人民共和国物权法》、《中华人民共和国城市房地产管理法》、《城市房地产转让管理规定》、《城市房屋租赁管理办法》、《物业管理条例》等一系列法律法规，其调整对象和内容涉及房地产开发、房地产转让、房地产租赁、房地产中介服务、物业管理等多个领域。这些法律法规构成了广义上的我国房地产法体系，为我国的房地产行业健康稳定发展奠定了坚实的基础，也为解决房地产业发展过程中所产生的问题提供了法律依据。

　　《房地产法规应用实务》一书从房地产职业教育角度对近年来我国房地产法的立法和理论进行了较为系统的梳理和总结，力求在理论联系实际的基础上对房地产法的最新发展加以反映。本书共有六个部分，分别从房地产法相关法律基础知识、房地产开发、房地产建设、房地产交易、房地产中介、房地产售后服务方面介绍房地产法的重要制度。在阐述了基本法学理论的基础上，通过实践案例串联起房地产实务中所涉及的土地管理、房地产开发、房地产交易、房地产中介、物业管理等一系列问题，深入浅出地论述了有关法学理论和基础知识，创新性地进行了案例设计。通过具体案例的讲解，对在实践中可能遇到的法律问题加以分析，理论与实务并重，既有法学理论的阐述，又有实务操作的深入讲解，具有较强的实用性。

　　本书各任务部分撰稿人为：郑龙清（任务3、任务4、任务5和任务1部分）、洪晓丽（任务2、任务6和任务1部分）。全书由郑龙清统稿。

　　本书的特点是理论讲解与实务应用相得益彰，在通过阐述各项制度的基本原理的基础上，注意从实务操作的角度对房地产开发的各个环节和程序进行详细介绍，并结合一些有争议的理论问题和实践中的案例进行综合性的说明和分析。

　　本书可用作职业教育课本，对从事房地产行业工作的专业人士也具有一定的借鉴与参考价值。由于编写时间有限，不足之处恳请读者予以指正。

目录 CONTENTS

任务1 准备知识的学习 1
  案例1.1 1
    1.1.1 问题的提出 1
    1.1.2 问题的解答 2
    1.1.3 案例的评析 4
  案例1.2 4
    1.2.1 问题的提出 4
    1.2.2 问题的解答 5
    1.2.3 案例的评析 13
  案例1.3 14
    1.3.1 问题的提出 15
    1.3.2 问题的解答 15
    1.3.3 案例的评析 17

任务2 房地产开发法规应用 19
  案例2.1 19
    2.1.1 问题的提出 20
    2.1.2 问题的解答 20
    2.1.3 案例的评析 26
  案例2.2 26
    2.2.1 问题的提出 26
    2.2.2 问题的解答 27
    2.2.3 案例的评析 34

任务3　房地产开发建设法规应用 ……………………………………………… 35
案例 3.1 ……………………………………………………………………… 35
3.1.1　问题的提出 ……………………………………………………… 36
3.1.2　问题的解答 ……………………………………………………… 36
3.1.3　案例的评析 ……………………………………………………… 40

任务4　房地产交易法规应用 …………………………………………………… 45
案例 4.1 ……………………………………………………………………… 45
4.1.1　问题的提出 ……………………………………………………… 46
4.1.2　问题的解答 ……………………………………………………… 46
4.1.3　案例的评析 ……………………………………………………… 50
案例 4.2 ……………………………………………………………………… 52
4.2.1　问题的提出 ……………………………………………………… 52
4.2.2　问题的解答 ……………………………………………………… 52
4.2.3　案例的评析 ……………………………………………………… 57
案例 4.3 ……………………………………………………………………… 59
4.3.1　问题的提出 ……………………………………………………… 59
4.3.2　问题的解答 ……………………………………………………… 60
4.3.3　案例的评析 ……………………………………………………… 63
案例 4.4 ……………………………………………………………………… 64
4.4.1　问题的提出 ……………………………………………………… 64
4.4.2　问题的解答 ……………………………………………………… 65
4.4.3　案例的评析 ……………………………………………………… 67

任务5　房地产中介服务法规应用 ……………………………………………… 69
案例 5.1 ……………………………………………………………………… 69
5.1.1　问题的提出 ……………………………………………………… 70
5.1.2　问题的解答 ……………………………………………………… 70
5.1.3　案例的评析 ……………………………………………………… 72
案例 5.2 ……………………………………………………………………… 74
5.2.1　问题的提出 ……………………………………………………… 75
5.2.2　问题的解答 ……………………………………………………… 75
5.2.3　案例的评析 ……………………………………………………… 83
案例 5.3 ……………………………………………………………………… 84
5.3.1　问题的提出 ……………………………………………………… 86
5.3.2　问题的解答 ……………………………………………………… 86
5.3.3　案例的评析 ……………………………………………………… 92

任务6　房地产售后服务法规应用 95
案例6.1 95
6.1.1　问题的提出 95
6.1.2　问题的解答 96
6.1.3　案例的评析 100
案例6.2 101
6.2.1　问题的提出 101
6.2.2　问题的解答 101
6.2.3　案例的评析 104
案例6.3 104
6.3.1　问题的提出 105
6.3.2　问题的解答 105
6.3.3　案例的评析 108

参考文献 110

任务 1

准备知识的学习

案例 1.1

小俞同学行将高中毕业,在复习迎考填报高考志愿时犯了愁。在"志愿"填报选择上,不但他自己还没有拿定主意,而且父母的意见也难以统一。为此小俞心情难以愉悦。班主任张老师了解到小俞同学的情况后,对他作了一番开导工作。

张老师建议他先不要急于选择专业,而是应根据自身的情况,结合拟考虑的几个相关专业,对这些专业所对应的行业作一些了解,然后加以比较,再从中挑选两三个适合自己的专业报考。

小俞同学与其父母听从了张老师的指导,对几个行业的相关情况进行了一番了解和比较。其中包括房地产相关专业。他们通过对房地产方面相关资料的阅读和向从事房地产专业工作的有关人员了解情况,对房地产业的基本情况有了一些初步认识。

1.1.1 问题的提出

1. 何谓房地产?
2. 房地产是怎样的一个行业?
3. 房地产业由哪些环节链接而成?
4. 房地产有哪些基本特点?
5. 房地产可作哪些分类?

1.1.2 问题的解答

1. 从字面理解，房地产就是房屋和土地。但从专业方面理解，房地产的含义是指能满足人们从事生产、生活、社交等活动，能在市场上依法进行交易的房屋和土地的综合体，包括各类城市住宅、商务用房、工业厂房和仓储、教育、文化、体育、娱乐等用房以及与之相配套的地面道路和地上地下基础设施等建筑及构筑物等。

2. 房地产业是一个独立的产业部门，按照联合国的行业划分标准，房地产业被列为第八类，它与建筑业既有联系又有区别。建筑业通常是直接从事房屋生产和其他建筑物的建造、改造、装修、安装等活动的一个物质生产部门，属于第二产业。而房地产兼有生产（开发）、经营、管理和服务等多种活动，而且主要活动在流通领域，所以从总体上说，房地产业属于第三产业。

房地产业与社会民生密切相关。"衣食住行"是人类生存和发展的基础，其中"住"是每一个社会成员和每个家庭必须具备的物质条件。因此，房地产业的发展会影响到社会民生。在和谐社会建设过程中，各地政府对住房条件困难和收入比较低的家庭，实施廉租房政策，以缓解和解决社会民生问题。

随着我国经济建设的不断发展，房地产业对国民经济的贡献和作用也逐渐显现，房地产业已经成为我国的国民经济支柱产业。

3. 房地产业通常由房地产开发投资（包括商品房建设投资）、房地产经营、房地产交易流通和房地产消费及使用等环节链接而成。

房地产开发投资，是指由房地产开发企业，按照城市规划等法规及相关管理部门的要求，通过建设用地使用权的出让或划拨获取房地产开发建设用地，从事商品房和土地开发经营活动的投资。

商品房建设投资是指房地产开发企业开发建设供出售、出租的商品住宅、生产性用房、商务楼等房屋工程及其配套的服务设施所进行的投资。如进行场地平整、道路、水电管网、通信等工程所作的投资。

房地产经营，是指房地产开发经营企业在房地产开发投资活动中为确立和实现企业经营目标所进行的企业战略规划、投资计划实施、投资产品营销等一系列的经营活动和过程，包括房地产项目投资决策分析、房地产市场调查与分析、房地产开发项目可行性研究以及房地产市场营销等活动。

房地产交易流通，是指房地产开发投资产品转移至消费使用过程中所应流经的程序和相应的交易规则，包括参与交易的主客体的条件和资格，交易流转过程中应办理的手续和缴纳的费用，交易中应遵守的相关政策与制度等。

房地产消费，是指业主和使用人在享有房地产占有、使用、收益等权利时，所接受的各种服务，包括物业服务中的房屋和设施设备养护、维修、物业区域内的公共秩序维护、绿化养护、卫生保洁等，还包括租售房屋后的各类信息咨询服务等。

4. 房地产与一般商品相比有如下一些特点：

(1) 房地产资源稀缺性。

由于土地是不可再生的资源，所以依赖于土地的房地产产品，其开发和生产会受到很大的限制。我国可用于建设的土地资源十分稀缺，为此，国家有关法律和政策，对我国的土地利用实行最严格的土地管理制度。

房地产生产从开发项目立项审核到建成房屋后的销售，其中要经过许多环节，其目的就是要保证稀缺的房地产资源得到合理和充分的利用。

(2) 房地产产品不可移动性。

由于土地不可移动，建于其上的房屋也不能移动。这一特点对房地产市场产生了两方面的影响：一是决定了房地产市场是一个区域性市场，房地产产品只能就地利用或消费；二是决定了房地产市场是一个产品差异化的市场。从时间、地点、空间位置来看，即使是按照同样的设计图纸建成的房屋，不会有两个或两个以上完全相同的房地产产品，所以房地产产品之间不能实现完全替代。

(3) 房地产经营活动风险大。

房地产属于高价值的不动产，也是各行各业的生产和活动要素。因此，社会和政治环境的安定或动荡与否，对于消费者的置产愿望与行为有直接影响。同时，国家的政治经济形势以及法律法规和政策的制定或调整都会对房地产经营产生极大的影响。

(4) 房地产价值的形成和实现过程长。

一般商品其价值形成和实现是一次性的。即工厂生产，形成价值；通过商业渠道销售，商品转化为货币，实现价值。而房地产属于不动产，从价值形成角度分析，资金投入环节多，在生产（开发）、流通、消费（使用）过程中可以多次投入，从而形成其价值高，并且有延续性和增值性的特点。即房地产商品既可以一次性出售实现其价值，也可以采用出租方式，分期分批实现其价值。

(5) 房地产流动性差，且易受政策调控。

由于房地产价值大且具有不可移动性，因此，同一宗房地产不会频繁地发生买卖。一旦需要买卖，通常其所花费的时间比较长，所经办的手续比较多，所需要的资金量也比较大。对于一般人员来说，一生中难得有几次买卖房地产的机会。

由于房地产的土地资源比较稀缺，建成后不能移动和改变，与周边环境、交通等因素又相互影响，因此，国家和地方政府对房地产的使用和支配往往通过一系列的行政法规和管理政策进行调控。如：2005年和2006年针对商品住房价格上涨过快、供应结构不合理、市场秩序比较混乱等突出问题，国务院七部委和九部委相继颁发的《关于做好稳定住房价格工作的意见》和《关于调整住房供应结构稳定住房价格意见》，对房地产市场调控起到了一定的作用。今后视国家经济发展和房地产业发展情况，政府有关管理部门还会适时地出台相关政策，以调控房地产市场。

5. 房地产从不同的角度可以作不同的分类

从市场角度，房地产可分为一、二、三级市场。一级市场通常是指土地使用权的出让市场；二级市场是指土地使用权的转让和新建商品房的买卖市场（又称增量市场);三级市场主要是指存量房屋的转让市场(又称存量市场)。

从房地产用途角度,房地产可分为居住和非居住房地产。居住房地产是指供人们居住使用的房地产,包括住宅、宿舍、旅店等;非居住房地产包括商场、办公楼、学校、医院、厂房、影院等。

从房地产经营使用方式角度,房地产可分为销售的房地产、出租的房地产、营业的房地产、自用的房地产。

从地理区域角度,房地产可分为国外房地产、国内房地产;本地房地产、外地房地产等。

1.1.3 案例的评析

尽管房地产与我们的生活很近,但从房地产专业的角度看,许多人对它却仍很陌生或仅仅一知半解。房地产与我们生活、工作密不可分,但要真正拥有它或使其满足需要,对许多人或家庭来说却是一件非常艰难的事。

我们经常看到也经常听到人们谈论房地产,但对它所包含的内容、特点和自身运行规律以及与社会、经济等多种因素之间的相互关系,我们又能了解多少呢?

小俞在途经人生旅途的重要驿站(高考)时,虽有迷茫但没有盲从。他在老师的指导下,对自己拟选择的专业先进行了大致的了解,然后再来修正自己高考专业选择策略以及调整自己的努力方向。

高考专业选择如此,我们的生活不也应该如此吗?

案例 1.2

小王现年 16 岁,其父母系科研工作者,经常赴国外从事科研合作和交流工作。为了让小王更好地在国内学习和生活,父母斥资买下一套建筑面积为 140 平方米的房屋,并在房屋的产权证上写下了小王的名字。后小王的父母因在做试验时不慎引发化学爆炸而身亡。鉴于小王尚未成年,法院指定小王的外公外婆作为小王的监护人。后因小王的外公患病需要筹措医疗费用,小王的外婆委托房地产中介公司将小王名下的房屋挂牌出售。一周后,小王的外婆以小王监护人的身份在房地产中介公司的协助下与李某签订了房屋买卖协议,并约定房屋价款为 80 万元。小王的外婆于签订合同之后向李某收取了购买房屋的定金人民币 20 万元。小王得知此事后,认为外公外婆未经自己同意将自己名下的房屋变卖,损害了自己的合法权益,诉至人民法院,要求法院判令该房屋买卖合同无效,并判令外公外婆赔偿自己的损失。

1.2.1 问题的提出

1. 什么是民事法律关系?民事法律关系的构成要素是什么?本案中小王是否

具有民事主体资格？

2. 什么是民事行为能力？本案中小王系未成年人，是否具有民事行为能力？

3. 合同的效力如何确定？本案中小王外婆与李某签订的房屋买卖合同效力如何确定？

4. 我国的监护制度包括哪些内容？本案中小王的外公外婆是否可以担当小王的监护人？

5. 合同定金条款如何约定？小王外婆收取李某20万元定金是否合法？

6. 什么是民事责任？民事责任的承担方式有哪些？

1.2.2 问题的解答

1. 民事法律关系是由民事法律规范所调整的社会关系，也就是由民事法律规范所确认和保护的社会关系。

调整社会关系的法律不同，由此而形成的法律关系的性质也就不同。由民法所调整的社会关系就是民事法律关系。民事法律关系和民法密切联系。民法是民事法律关系形成的前提，民事法律关系是民法所调整的结果，是由民法所派生出来的现象。具体而言，民法确认了民事主体的权利和义务，但这种权利和义务是抽象的，只具有可能性，并不表明主体已经享有了某种权利或应承担某种义务。而在民事法律关系中，主体的权利义务是具体的，并具有可能性。

民事法律关系的主体，也称为民事权利义务的主体或简称为民事主体，是指参与民事法律关系之中，享有民事权利，承担民事义务的人。

作为民法中的人有两个基本要件：

(1) 客观存在；

(2) 为法律所认可。

因此，民法中的人只是有成为民事法律关系主体的可能性，他只有参与到具体的民事法律关系中才能成为民事法律关系的主体。

在我国，能够成为民事法律关系主体的人包括公民、个体工商户、农村承包经营户、法人和合伙组织等。国家作为整体，在一些场合也能成为民事法律关系的主体。

民事法律关系作为人与人之间的社会关系，总是要有多方主体参加的。只有一方主体存在，就不可能发生社会关系，也不可能形成法律关系。因此，在民事法律关系中总是存在相互对应的多个主体，其中，享有权利的一方是权利主体，承担义务的一方是义务主体。

民事法律关系的一方主体并非总是只有一人，也即民事法律关系的一方主体有单一主体和多数主体之分，例如，在债权关系中，债权人和债务人一方都既可以是一个人，也可以是多个人，如果债权人或债务人为多个人，则他们同时作为债权人或债务人一方享有权利或承担义务。

民事法律关系的主体有特定主体和不特定主体之分。如前文所述，在相对法律关系中，每一方主体都是特定的，但在绝对法律关系中，承担义务一方，即义务主体是不特定的任何人。由此也可以看出，只有义务主体才有特定或不特定之分，任何法律关系的权利主体总是特定的。

理解民事法律关系的主体，应当把握几点：

（1）民事法律关系的主体应当具备两个基本条件：其一是能够实际参加民事法律关系；其二是得到法律的承认和保护。

（2）民事法律关系的主体范围既包括自然人，也包括法人及其他社会组织。

（3）民事法律关系的主体由权利主体和义务主体构成，彼此相对而存在。

民事法律关系的内容包括以下几个方面。

民事权利，是指法律赋予民事主体所享有的、为实现某种权益而为一定行为或不为一定行为的可能性。具体而言，它包括三个方面的可能性：

（1）权利人直接享有某种利益，或者实施一定的行为的可能性。

（2）权利人请求义务人为一定行为或不为一定行为的可能性。

（3）在权利受到侵犯时，请求国家有关机关予以保护的可能性。

从性质上看，民事权利都体现着一定的利益，但它并不是生活中的一切利益，只有那些为法律所确认和保护的利益才体现为权利。

民事义务与民事权利相对应，它是指义务人为满足权利人的利益而为一定的行为或不为一定的行为的必要性。民事义务和民事权利一样，也是由法律所确认的，同样也体现着个人利益和社会利益的统一。不同的是，民事义务体现了主体行为的必要性，而民事权利体现的是主体行为的可能性。

民事法律关系中的权利和义务是相互对立、相互联系在一起的，并统一地束缚着民事主体。在任何一个民事法律关系中，权利和义务都是一致的，权利的内容要通过相应的义务表现，而义务的内容则由相应的权利限定。当事人一方享有权利，必然有另一方负有相应的义务，并且权利和义务往往是同时产生、变更和消灭的。

民事法律关系的客体是指依据民事法律规定，民事法律关系主体的权利和民事义务所指向的对象。民事权利和民事义务如果没有具体的对象，就将成为无法落实、毫无意义的东西。

关于民事法律关系的客体，在理论界有不同的看法。有人认为客体是物，也有人认为客体是物和行为。依通常的说法，民事法律关系的客体只能是体现一定物质利益的行为。既然民事法律关系是一个统一的概念，那么，它的客体也应该是统一的，把"物"和"行为"这两个不同的事物分别作为民事法律关系的客体是不妥的。单纯的物在民事法律关系中只能作为权利的标的，不能作为客体。同样，单纯的行为也一样不能作为民事法律关系的要素。只有把它们结合起来，即结合成"体现一定物质利益的法律行为"，才能成为民事法律关系的客体。如买卖关系中的客体是交付买卖物符合法律规定的行为；运输关系中的客体是安全、及时送达运输标的物的法律行为。即使是在所有权关系中，其客体也不是所有物本身，而是占有、使用、收益和处分所有物的法律行为。

本案中买卖合同的标的是小王名下的房屋，系小王父母于生前赠与小王的。

小王作为房屋的产权人,依法享有对房屋的所有权。小王对于自己名下的房屋享有完全的占有、使用、收益和依照法律处分的权利。因此,小王完全具备民事主体资格。

2. 公民的民事行为能力,是指法律确认的,公民通过自己的行为从事民事活动,参加民事法律关系,取得民事权利和承担民事义务的能力。公民的民事行为能力具有如下法律特征:

(1) 民事行为能力由国家法律加以确认。是国家法律为维护公民的合法权益和保障社会的正常秩序而确认的。公民是否具有独立从事民事活动的能力,不取决于公民的主观意愿。

(2) 民事行为能力与公民的年龄和智力状态直接相联系。只有达到一定年龄、智力状态正常的公民,才能正确地理解其行为的社会意义,独立完成某一民事行为,取得民事权利,承担民事义务。因此,法律对不同年龄和智力状态的公民规定不同的民事行为能力。

(3) 民事行为能力非依法定条件和程序不受限制或取消。由于民事行为能力是国家法律赋予公民从事民事活动的资格,因此,除非法律规定的应当限制或取消公民民事行为能力的情形出现,否则,任何个人和组织不得限制或取消公民的民事行为能力。

《中华人民共和国民法通则》(以下简称《民法通则》)根据公民的年龄、智力状态等因素,把公民的民事行为能力分为完全民事行为能力、限制民事行为能力和无民事行为能力三类。

(1) 完全民事行为能力,是指法律赋予达到一定年龄和智力状态正常的公民通过自己的独立行为进行民事活动的能力。《民法通则》第十一条规定:"十八周岁以上的公民是成年人,具有完全民事行为能力,可以独立进行民事活动,是完全民事行为能力人。十六周岁以上不满十八周岁的公民,以自己的劳动收入为主要生活来源的,视为完全民事行为能力人。"

至于何种状况才属于"以自己的劳动收入为主要生活来源",最高人民法院《关于贯彻执行〈中华人民共和国民法通则〉若干问题的意见(试行)》第二条规定:"十六周岁以上不满十八周岁的公民,以自己的劳动取得收入,并能达到当地群众一般生活水平的,可以认定为以自己的劳动收入为主要生活来源的完全民事行为能力人。"

(2) 限制民事行为能力,又称为不完全民事行为能力或部分民事行为能力,是指法律赋予那些已经达到一定年龄但尚未成年和虽已成年但精神不健全,不能完全辨认自己行为后果的公民所享有的可以从事与自己的年龄、智力和精神健康状况相适应的民事活动的能力。对享有限制民事行为能力的公民,可称为限制民事行为能力人。

根据《民法通则》第十二条和第十三条规定,限制民事行为能力可分为两种:

第一,十周岁以上的未成年人是限制民事行为能力人,可以进行与他的年龄、智力相适应的民事活动;其他民事活动由他的法定代理人代理,或者征得他的法定代理人的同意。

第二，不能完全辨认自己行为的精神病人是限制民事行为能力人，可以进行与他的精神健康状况相适应的民事活动；其他民事活动由他的法定代理人代理，或者征得他的法定代理人的同意。

（3）无民事行为能力，是指完全不具有以自己的行为从事民事活动以取得民事权利和承担民事义务的资格。对无民事行为能力的公民，可称为无民事行为能力人。

《民法通则》第十二条和第十三条中分别规定了两种无民事行为能力人：

1）不满十周岁的未成年人是无民事行为能力人，由他的法定代理人代理民事活动。

2）不能辨认自己行为的精神病人是无民事行为能力人，由他的法定代理人代理民事活动。

在社会实际生活中，公民的民事行为能力由于受其年龄、智力和精神健康状态等因素的影响，因而是具有可变性的，为此，《民法通则》第十九条规定："精神病人的利害关系人，可以向人民法院申请宣告精神病人为无民事行为能力或者限制民事行为能力人。被人民法院宣告为无民事行为能力人或者限制民事行为能力人的，根据他健康恢复的状况，经本人或者利害关系人申请，人民法院可以宣告他为限制民事行为能力人或者完全民事行为能力人。"

本案中，小王虽年满16周岁，但并不符合法律规定的以自己的劳动收入作为主要的生活来源的特征，故属于限制民事行为能力人。根据法律规定，小王只可以从事与之年龄、智力相适应的民事活动。房屋买卖的标的物为房屋，涉及的资金数额巨大，明显与小王的年龄智力不相符合，所以小王如果要处分自己名下的房屋，必须得到其监护人的同意。小王作为限制民事行为能力人只能从事与之年龄和智力相适应的民事活动。

3. 合同的效力，是指已经成立的合同在当事人之间产生的一定的法律约束力，也就是通常说的合同的法律效力。通过前面的法律知识学习，可以推知合同生效的一般要件为：

（1）行为人具有相应的民事行为能力。

（2）意思表示真实。

（3）不违反法律或者社会公共利益。

无效合同就是不具有法律约束力和不发生履行效力的合同。一般合同一旦依法成立，就具有法律约束力，但是无效合同却由于违反法律、行政法规的强制性规定或者损害国家、社会公共利益，因此，即使其成立，也不具有法律约束力。根据我国《合同法》第五十二条之规定，有下列情形之一的，合同无效。

（1）一方以欺诈、胁迫的手段订立合同，损害国家利益。

（2）恶意串通，损害国家、集体或者第三人利益。

（3）以合法形式掩盖非法目的。

（4）损害社会公共利益。

（5）违反法律、行政法规的强制性规定。

无效合同一般具有以下特征：

（1）无效合同具有违法性。一般来说，《合同法》所规定的无效合同都具有违法性，它们大都违反了法律和行政法规的强制性规定和损害了国家利益、社会公共利益。例如，合同当事人非法买卖毒品、枪支等。无效合同的违法性表明此类合同不符合国家的意志和立法的目的，所以，对此类合同国家就应当实行干预，使其不发生效力，而不管当事人是否主张合同的效力。

（2）无效合同是自始无效的。所谓自始无效，就是合同从订立时起，就没有法律约束力，以后也不会转化为有效合同。由于无效合同从本质上违反了法律规定，因此，国家不承认此类合同的效力。对于已经履行的，应当通过返还财产、赔偿损失等方式使当事人的财产恢复到合同订立前的状态。

可撤销合同，就是因意思表示不真实，通过有撤销权的当事人行使撤销权，使已经生效的意思表示归于无效的合同。我国《合同法》第五十四条规定："下列合同，当事人一方有权请求人民法院或者仲裁机构变更或者撤销：（一）因重大误解订立的；（二）在订立合同时显失公平的。一方以欺诈、胁迫的手段或者乘人之危，使对方在违背真实意思的情况下订立的合同，受损害方有权请求人民法院或者仲裁机构变更或者撤销。当事人请求变更的，人民法院或者仲裁机构不得撤销。"

被撤销的民事行为从行为开始时起无效。

可撤销合同具有以下特点：

（1）可撤销的合同在未被撤销前，是有效的合同。

（2）可撤销的合同一般是意思表示不真实的合同。意思表示不真实的合同，撤销权人可以请求撤销合同。

（3）可撤销合同的撤销要由撤销权人通过行使撤销权来实现。

效力待定合同是指合同虽然已经成立，但因其不完全符合合同生效条件的规定，合同尚处于未生效状态，其生效与否取决于第三人意思表示后才能确定。效力待定合同有四种：

（1）无民事行为能力人所订立之合同。

无民事行为能力人除可以订立某些与其年龄相适应的细小的日常生活方面的合同外，其他的合同，必须由其法定代理人代理订立。一般来说，由无民事行为能力人所订立的除细小的日常生活方面以外的合同，必须经过其法定代理人事先允许或事后承认才能生效。

（2）限制民事行为能力人缔结的合同。

我国法律规定，限制民事行为能力人可以实施某些与年龄、智力、健康状况相适应的民事行为，其他民事活动应由法定代理人代理或征得法定代理人同意后实施。在《民法通则》中，这类主体所为行为被列为无效民事行为，《合同法》对此作了补正，将限制民事行为能力人所订合同确定为效力待定合同。

（3）无代理权人以被代理人名义缔结的合同。

无权代理行为可能由于行为完成后发生的某种法律事实而完全不产生代理的法律后果。

（4）无处分权人处分他人财产订立的合同。

无处分是指无处分权人以自己名义擅自处分他人财产。依《合同法》的规定，无处分行为是否发生效力，取决于权利人追认或处分人是否取得处分权。

为保护当事人的合法权益，在效力待定合同中，法律赋予有关民事主体以追认权、拒绝权，赋予相对人以催告权、撤销权。

本案中，小王的外婆无权处分属于小王的房屋，其与李某签订的房屋买卖合同为效力待定合同。

4. 中国的监护制度采用广义监护理念，它包括父母对未成年子女的监护、父母以外的人对未成年人的监护和对成年精神病人的监护三大类别。因此，所谓未成年人监护制度包括：父母对未成年子女的监护和父母以外的人对未成年人的监护。其中，父母对未成年子女的监护是未成年人监护制度的核心部分，也是中国监护制度的重要内容。根据《中华人民共和国宪法》保护儿童原则的规定，为了更好地保护未成年人的利益，《民法通则》对未成年人监护制度作出了明确具体的规定。

《民法通则》对未成年人规定了四种法定监护人：

（1）未成年人的父母。父母是未成年子女的第一监护人，其监护关系是因子女出生的法律事实而发生的，只有父母死亡或丧失监护能力，监护权才有可能由他人行使。

（2）未成年人的祖父母、外祖父母；兄、姐。他们是《中华人民共和国婚姻法》规定的未成年人的第二顺序抚养人。在未成年人的父母已经死亡或丧失监护能力时，由有监护能力的祖父母、外祖父母优先担任监护人；其次，由其兄、姐担任监护人。

（3）自愿担任监护人的、与未成年人关系密切的其他亲属、朋友。在没有上述两种监护人的情况下，关系密切的其他亲属，如：叔、伯、姑、舅、姨等，或未成年人父母的朋友自愿承担监护责任，经未成年人的父母所在单位或未成年人的住所地的居民委员会、村民委员会同意的，可以担任监护人。

（4）未成年人父母的所在单位或未成年人住所地的居民委员会、村民委员会或民政部门。在没有上述三种监护人的情况下，由以上社会组织机构担任该未成年人的法定监护人。民政部门可将该未成年人送到社会福利院，由福利院担任其监护人。

根据《最高人民法院关于贯彻实施〈民法通则〉若干问题的意见》的规定，父母是子女的第一顺序法定监护人，父母有监护能力的应当承担监护责任，只有在未成年人的父母已经死亡或者没有监护能力时，才适用指定监护。被指定的监护人必须是《民法通则》规定的有监护资格的人，而且一般应按照顺序指定。只有在前一顺序有监护资格的人无监护能力或者对未成年人明显不利时，才可以从后一顺序的人中指定。

除父母外的同一顺序监护人中有多个监护人的,应当协商确定监护人,各监护人对担任监护人有争议且达不成协议的,可采取指定监护的方式。有权指定监护人的单位有:未成年人的父母所在单位;未成年人住所地的居民委员会、村民委员会;如果对这些单位的指定不服时,由人民法院作出最终裁决。

确定未成年人的监护人应当考虑监护人的身体健康状况、经济条件以及与被监护人在生活上的联系状况等因素,未成年人有识别能力的,应当征求未成年人的意见。

法律规定,为了被监护人的利益才可以处分被监护人的财产。本案中,小王的外公外婆未经小王同意不能处分小王名下的房产。根据我国法律规定,除了为了被监护人利益外,不得处分被监护人的财产。即:在本案中即使小王同意变卖名下的房产为外公筹措医疗费用,其外公外婆也不能将其房产变卖。

5. 定金是指合同当事人为保证合同履行,由一方当事人预先向对方交纳一定数额的钱款。《合同法》第一百一十五条规定:"当事人可以依照《中华人民共和国担保法》约定一方向对方给付定金作为债权的担保。债务人履行债务后,定金应当抵作价款或者收回。给付定金的一方不履行约定的债务的,无权要求返还定金;收受定金的一方不履行约定的债务的,应当双倍返还定金。"这就是通常说的定金法则。《中华人民共和国担保法》第九十条规定:"定金应当以书面形式约定。当事人在定金合同中应当约定交付定金的期限。定金合同从实际交付定金之日起生效。"第九十一条规定:"定金的数额由当事人约定,但不得超过主合同标的额的百分之二十。"

《最高人民法院关于审理商品房买卖合同纠纷案件适用法律若干问题的解释》第四条规定:"出卖人通过认购、订购、预订等方式向买受人收受定金作为订立商品房买卖合同担保的,如果因当事人一方原因未能订立商品房买卖合同,应当按照法律关于定金的规定处理;因不可归责于当事人双方的事由,导致商品房买卖合同未能订立的,出卖人应当将定金返还买受人。"因此从法律角度看,定金有双重性质。

第一,它可作为合同的担保,以保证合同履行。

第二,可以起到合同成立的证明作用。定金作为一把双刃剑,还具有惩罚性。即给付定金的一方不履行合同的,无权要求返还定金;接受定金的一方不履行合同的,要双倍返还定金。定金作为法定的形式,法律有其具体的要求:必须签订书面的形式;定金的总额不得超过合同标的额的百分之二十。

由于房地产市场中一些项目开发进度较慢,而市民住房消费又比较旺盛,因而交纳订金、诚意金等现象比较多。由于期房开发中的很多不确定因素影响,使关于定金和订金之类的争议数量不断攀升。订金与定金仅一字之差,在法律性质上却有天壤之别。有很多购房者把订金当成定金,最后无法维权,这一点要特别注意。订金不是一个规范的概念,在法律上仅作为一种预付款的性质,是预付款的一部分,是当事人的一种支付手段,不具有担保性质。合同履行的订金只能抵充房款,不履行也只能如数返还。

《最高人民法院关于适用〈中华人民共和国担保法〉若干问题的解释》第一百一十八条规定:"当事人交付留置金、担保金、保证金、订约金、押金或者订金等,但没有约定定金性质的,当事人主张定金权利的,人民法院不予支持。"由此可见,当事人在合同中写明"订金"而没有约定定金性质的,则不能适用定金法则。

此外,也要将定金与诚意金相区分。诚意金即意向金,是为了证明购房者买房的诚意。如果事后不想认购,诚意金会在规定的时间内退回;一旦认购,诚意金即转为定金,随后进行购房签约。

目前,诚意金在房地产市场中主要是表现在"内部认购"中。这在开发商与购房者双方签订的认购书中多有体现。其实法律上并没有诚意金之说,买卖双方之所以签订诚意金条款,主要是由于交易市场的诚实信用体系还不健全,交易主体为了各自的利益往往会违背诚实信用的原则,从而损害一方的利益。

本案中,所买卖房屋的价款为80万元,根据定金法则规定,定金不得超过标的数额的百分之二十,所以收取20万元的定金是不合法的,最多只能收取16万元作为定金,余下之4万元应视为先行支付的房屋价款。

6. 民事责任包括:违反合同的民事责任和侵权行为的民事责任。侵权行为的民事责任又可分为:一般侵权行为的民事责任和特殊侵权行为的民事责任。

(1) 民事责任的概念。

民事责任是指民事主体违反民事义务而依法应承担的民事法律后果。

违反合同的民事责任是指合同当事人因违反合同义务而承担的民事法律后果。

侵权行为的民事责任是指侵害人因其不法行为使他人合法的财产权利或者人身权利受到损害,应对受害人承担的民事责任。

一般侵权行为民事责任是指在一般情况下侵犯他人财产或者人身权利应承担的民事责任,通常由四方面的要件构成。其一,实施的行为属违法;其二,实施的行为造成了一定的损害事实;其三,违法的行为与损害事实之间有因果关系;其四,实施行为的人主观上有过错。

特殊侵权行为是指不具备一般侵权行为民事责任的四方面要件,当事人就应承担侵权民事责任,或者还需要具备其他要件,当事人才承担侵权民事责任的行为。特殊侵权行为民事责任多数属于无过错责任,如国家职务侵权的民事责任、饲养动物致人损害的民事责任等。

(2) 民事责任的归责原则和责任承担方式。

民事责任归责原则是指当社会在确认民事责任归属时所依据的法律原则。

承担民事责任的方式,又称承担民事责任的形式,主要指停止侵害,排除妨碍,消除危险,返还财产,恢复原状,修理、重作、更换,赔偿损失,支付违约金,消除影响、恢复名誉,赔礼道歉。

1) 停止侵害。

停止侵害是指对行为人正在实施的侵权行为,受害人有权请求其停止实施或请求人民法院制止实施。

2）排除妨碍。

排除妨碍是指权利人行使其权利受到他人不法阻碍或妨害时，有权请求行为人排除或请求人民法院强制排除。

3）消除危险。

消除危险是指在有造成财产或人身损害之虞时，权利人有权请求行为人消除或请求人民法院强制其消除。

4）返还财产。

返还财产是指在权利人的财产被行为人不法侵占时，权利人有权请求返还该财产。

5）恢复原状。

恢复原状是指在财产被不法损坏或形状被改变而有复原的可能时，受害人有权请求恢复到财产未受损坏或未改变时的状态。

6）修理、重作、更换。

修理是指对受损的财产所进行的修复，使之达到某种要求或标准。

重作是指按受损的财产重新制作，以替代原财产。

更换是指对受损财产的部分构成要素作替代和调整等。

7）赔偿损失。

赔偿损失是指行为人以其财产填补受害人的损失。

8）支付违约金。

支付违约金是指依法律规定或当事人约定，违约方向对方支付一定数额的金钱。

9）消除影响、恢复名誉。

消除影响、恢复名誉是指公民或者法人的人格权受到不法侵害时，有权通过人民法院要求行为人以公开形式承认过错、澄清事实或者辟谣，消除所造成的不良影响，以恢复未受损害时社会对其品行、才能或信用的良好评价。

10）赔礼道歉。

赔礼道歉是指公民或法人的人格权受到不法侵害时，权利人可请求行为人当面承认错误，表示歉意，以保护其人格尊严。

1.2.3 案例的评析

本案的原告被告双方争论的焦点在于：小王的外公外婆能否处置小王名下的房产？作为限制民事行为能力人，小王能否要求法院撤销其监护人出卖其房产的合同？

通过前文对法律知识的学习可知：小王系未成年人，只能从事与自己年龄智力相适应的民事活动。小王的父母在购买房产之时将小王的名字写在房产证上，法律将其视为一种赠与行为，小王为该房产的实际产权人。

小王的父母去世后，因为小王尚未成年，依照我国有关规定，其外公外婆成为小王的监护人。未成年人的监护人也是未成年人的代理人，未成年人从事与其年龄智力不相符的行为时，必须有其监护人的同意方可实施，否则不具有法律上的效力。但同时我国法律规定，除了为被监护人利益外，监护人不得处分被监护人的财产。

本案中，为外公筹措医疗费用并非为了小王的切身利益而为的行为，所以外婆处分小王名下房产的行为一方面为无处分权的行为，另一方面由于违反法律的规定而完全归于无效。

外婆与购房人李某签订的房屋买卖合同中，约定房屋的价款为人民币80万元整。根据定金法则的规定，定金的数额不能超过合同标的总额的百分之二十即16万元整，多收的4万元不能视为定金部分。

本案中，外婆出卖房屋的行为因为损害了小王的合法权益而归于无效，并应赔偿给小王造成的损害。此外，由于房屋的买受方李某交付了定金，根据定金法则可以要求小王的外婆双倍返还定金。

案例 1.3

被告王某将位于某市海滨大道21号D座房屋卖给原告金某。双方在未实地查看该房现场的情况下，于2004年7月9日签订了一份《购房合同》。合同约定：王某于2004年7月28日前将海滨大道21号D座房屋交付给金某，房屋的建筑面积为264平方米（使用面积174.3平方米）。由于王某一再拖延交房，直至2004年10月4日金某才拿到王某交来的该房屋所有权证明。金某发现该房屋的建筑面积实为172.55平方米，即向王某提出异议。同年11月10日，金某开始使用管理该房。后双方因为办理产权过户手续未达成协议，金某向人民法院起诉，要求确认该房归己所有，由王某返还多收取的房款及承担逾期交房的违约责任。

被告王某称：其与原告签订购房合同，房屋至今尚未办理过户手续，要求确认房屋买卖关系无效，将购房款返还给原告。购房合同尚未发生法律效力，不存在违约金问题。

金某认为：被告王某与自己于2004年7月9日签订购房合同，自己已按照合同支付购房款项，且实际该房屋已交付使用，该合同依法成立，并已实际履行，应属有效合同。以未办理产权过户为理由而确定合同无效是错误的。依据《合同法》和最高人民法院《关于贯彻执行〈中华人民共和国民法通则〉若干问题的意见（试行）》的有关规定，合同经过协商一致就成立，王某的该财产所有权虽未按协议转移，但反悔无正当理由，且合同能够履行，即具备补办过户手续的条件。请求判令被告王某继续履行购房合同。同时金某还认为，王某在履约中有严重违约行为，应承担违约责任。合同约定被告应于2004年7月28日前交付海滨大道21号D座房屋，建筑面积264平方米及附带物等，被告延至2004年11月10日才交付建筑面积172.55平方米的房屋。被告应返还多收房款及利息，承担延期交房违约金。

1.3.1 问题的提出

1. 合同的有效要件是什么?
2. 房屋买卖合同的生效条件是什么?本案中的房屋买卖合同是否生效?
3. 房屋所有权转移的条件是什么?本案中房屋所有权是否发生转移?
4. 合同的违约责任如何构成?
5. 合同的违约责任种类有哪些?本案中王某是否构成违约?如构成违约,应以何种方式承担违约责任?

1.3.2 问题的解答

1. 合同是平等主体的自然人、法人、其他组织之间设立、变更、终止民事权利义务关系的协议。合同的有效要件是指有效合同所不可缺少的条件。合同生效即合同发生了法律约束力。只有符合法律规定的一定条件的合同才具有法律效力,这些条件常常被称为合同的有效要件。各国法律一般都规定以下条件为合同的有效要件:

(1) 主体合格。即订立合同的当事人双方都必须具有订立合同的资格。作为公民个人,必须达到法律规定的年龄,且智力发育健全;作为法人,必须经过合法的登记注册,并且在自己的经营活动范围内,才能作为合格的当事人订立合同;一些非法人的组织、团体在一定范围内也可以成为合同当事人。

(2) 意思表示真实。即合同当事人在订立合同的整个过程中所提出的要约或承诺的内容,都是自己独立意志的表现,是其真实的意思表示。在正常的情况下,行为人的意志总是与其外在表现相符的。但是,由于某些主观上或客观上的原因,也可能发生两者不相符的情形。例如,当事人一方故意捏造假情况或隐瞒、掩盖真相,这就会使另一方当事人形成错误认识而订立合同;又如,一方当事人利用另一方的某种急迫要求而进行要挟或采用其他方法强迫其接受某些极不合理的条件而订立的合同等。上述情况下所订立的合同,都是意思表示不真实,因而不受法律保护。

(3) 内容合法,形式合乎要求。内容合法,主要是指标的合法,即合同标的不属国家明令禁止买卖的物或法律、政策所不允许的行为,或者须特许但未经许可而经营的物或行为。在社会主义国家里,合同内容合法,还包括合同标的数量、质量合法、价格合法以及当事人的目的无规避法律之意,没有违反社会公共利益等。形式并非所有合同的有效要件,但也有例外。例如,关于不动产的买卖,各国法律一般都规定须采取要式合同进行。这类合同,要式形式即其生效的法定条件。

2. 房屋买卖合同有效成立和产权过户登记是房屋产权转移的生效要件。登记是房屋产权转移的必要条件,而非房屋买卖合同的生效要件。

房屋买卖合同只要具备书面形式、行为主体合格、意思表示真实、不违反社会公共利益等合同的一般生效条件,即为有效成立,双方当事人必须信守。房屋买卖合同签订后未办理产权过户登记手续前，一方无正当理由的，应责令其继续履行——买受人没有支付房款，应责令其支付；出卖人没有将房屋交付买受人使用或管理的，应责令其交付；未依法缴纳契税办理契证的，应嘱其纳税办证；未办理产权过户手续的，应嘱其补办。同时任何一方不履行合同义务，都将构成违约，承担违约责任。若合同规定了定金和违约金责任，一方违约后也应当承担定金和违约金责任。

根据我国法律规定，产权过户登记在房屋产权变动中起到公示作用，过户登记是房屋买卖合同的履行行为，而非其生效要件；应赋予当事人基于房屋买卖合同的债权请求权，即使产权未经过户登记，若出卖人翻悔却无正当理由，则买受人有权请求出卖人协助其办理产权过户登记手续。

可见产权过户登记只是房屋产权转移的必备要件之一，而单就买卖合同本身而言，是双务、有偿、诺成的合同。本案中，合同主体金某、王某系完全民事行为能力人，双方在自愿协商的情况下签订了房屋买卖协议。金某作为买方完全支付了房屋的价款，而卖方也实际交付了房屋。本案所涉及的房屋买卖合同作为买卖合同的一种，同时具备以上合同生效的特征，所以该房屋买卖合同有效。

3. 房屋所有权系不动产物权。根据我国有关法律规定，物权变动应当采取公示公信原则，对不动产物权的变动应当公示，即在房地产交易登记管理部门办理过户登记手续。标的物为不动产的，其所有权转移时间为自记载于不动产登记簿时起。根据《中华人民共和国物权法》（以下简称《物权法》）、《中华人民共和国城市房地产管理法》（以下简称《城市房地产管理法》）、《城市房屋产权产籍管理暂行办法》等法律法规的规定，不动产的所有权转移时间为记载于不动产登记簿时起。也就是说，即使不动产未交付，只要办理了所有权转移登记的，不动产所有权仍自记载于不动产登记簿时起发生转移；相反，如不动产未办理所有权转移登记手续，即使已经交付，仍不发生所有权转移的效力。

本案中，金某虽然已经交付了所购买房屋的所有价款并实际取得了房屋的使用权，但由于没有办理相关的产权过户登记手续，并未取得该房屋的所有权。根据物权变动的公示公信原则，因为该房屋并未办理产权过户登记手续，王某对房屋的所有权并未发生转移。金某可以要求王某返还房屋价款并赔偿其因此而遭受的各项损失。

4. 违约责任又称合同责任，是指合同当事人不履行或不适当履行合同义务所应承担的民事责任。《民法通则》第一百一十一条规定："当事人一方不履行合同义务或者履行合同义务不符合约定条件的，另一方有权要求履行或者采取补救措施，并有权要求赔偿损失。"《中华人民共和国合同法》（以下简称《合同法》）第一百零七条规定："当事人一方不履行合同义务或者履行合同义务不符合约定条件的，应当承担继续履行、采取补救措施或者赔偿损失等违约责任。"这些条款都是对违约责任的概括规定。

违约责任的法律特征主要有：

（1）违约责任是当事人未履行或未适当履行合同义务的法律后果。

（2）违约责任的内容主要是由双方当事人通过约定确定的。

（3）违约责任是相对性的民事责任，即只有合同的当事人方可成为违约责任的承担者。

违约责任的构成要件主要包括：

（1）必须存在违约行为。所谓违约行为，是指合同当事人未履行或未适当履行合同义务的法律事实。

（2）违约行为造成了损害后果。违约责任强调的损害主要指的是财产的损害，而不包括精神损害。

（3）违约行为和损害后果之间存在因果关系。

（4）违约行为人主观上有过错。

5. 我国《合同法》共规定了五大类违约责任形式：

（1）继续履行。又称强制履行，指在违约方不履行合同时，由法院强制违约方继续履行合同债务的违约责任方式。

（2）采取补救措施。根据《合同法》第一百一十一条规定："质量不符合约定的，应当按照当事人的约定承担违约责任。对违约责任没有约定或者约定不明确，依照本法第六十一条的规定仍不能确定的，受损害方根据标的的性质以及损失的大小，可以合理选择要求对方承担修理、更换、重作、退货、减少价款或者报酬等违约责任。"

（3）赔偿损失。即债务人不履行合同债务时依法赔偿债权人所受损失的责任。我国《合同法》上的赔偿损失是指金钱赔偿，即使包括实物赔偿，也限于以合同标的物以外的物品予以赔偿。

（4）定金责任。《合同法》第一百一十五条规定："当事人可以依照《中华人民共和国担保法》约定一方向对方给付定金作为债权的担保。债务人履行债务后，定金应当抵作价款或者收回。给付定金的一方不履行约定的债务的，无权要求返还定金；收受定金的一方不履行约定的债务的，应当双倍返还定金。"

（5）违约金责任。又称违约罚款，是由当事人约定的或法律直接规定的，在一方当事人不履行合同时向另一方当事人支付一定数额的金钱，也可以表现为一定价值的财物。

本案中，王某因未按照合同约定如期履行交付房屋的义务构成违约，应当按照合同约定或者法律的规定来承担违约责任。应限期去房产登记部门办理房屋产权转移登记手续，将位于海滨大道21号D座房屋的产权过户给金某，同时应当承担自己迟延履行给金某带来的损失。

1.3.3 案例的评析

本案的争执焦点在于如何认定房屋买卖合同的效力问题。一种观点主张，本案讼争房屋未办理房地产过户手续，房屋买卖合同不成立。另一种观点认为，买卖双方虽未办理产权过户手续，但买方已交付全部房款，且入住使用讼争房屋。根据《民法通则》自愿、公平、等价有偿、诚实信用之原则，应判决合同有效，双方继续履行合同。

法院采纳了后一种意见,其理由是:

(1) 登记是房屋所有权转移的必经程序和要件,而非房屋买卖合同成立的要件。因为,房屋买卖合同能否成立,取决于合同当事人的意思表示是否真实、合同订立的程序是否合法、合同的内容是否违反法律和社会公共利益。而登记作为房屋买卖合同所追求的法律后果,是房屋产权有效转移的要件,而非房屋买卖合同生效的要件,二者为两个不同的法律问题,不能混淆。

(2) 导致讼争房屋产权过户手续一直未办理的责任在卖方。由于卖方拖延,致使买方无法按期办理讼争房屋的产权过户变更登记手续。并且卖方在卖房的过程中虚报讼争房屋的建筑面积,存在欺诈行为,明显具有过错。买方没有过错而遭受到了损失,应当由有过错方来承担责任。

(3) 买方虽对房屋面积提出异议,但其在取得卖方交来的房屋产权证明后即开始实际管理使用该讼争房屋至今。可见,买方与卖方争议的是房屋面积与房款问题,并没有解约之意。所以,房屋买卖是双方当事人的真实意思表示,符合合同的有效要件。

综上所述,王某就该讼争房屋与金某签订的购房合同,是双方当事人的真实意思表示,买卖双方虽未办理产权过户手续,但金某已支付了全部房款,且王某已将房屋交金某使用。现王某又以讼争房屋未办理过户手续为由翻悔,无正当理由,且合同又能够履行,所以,应当继续履行,可由双方到房地产管理部门办理产权过户手续。至于多报房屋建筑面积数,使房价与实际情况不符,其主要责任在卖方,该买卖合同应为有效合同。该买卖合同在补办房地产登记手续后能够履行,应继续履行。

根据《民法通则》及有关法规,本案买卖合同应当有效,当事人应当到房地产登记部门补办房地产交易登记手续。合同违约方王某应就其违约行为向金某承担违约责任。

任务 2

房地产开发法规应用

案例 2.1

1993年11月17日,××公司与某市国土资源管理局(以下简称市土地局)签订了《国有土地使用权批租合同》(以下简称《批租合同》)。该合同约定:甲方市土地局将12000平方米某地块出让给乙方××公司开发,乙方向甲方支付每平方米74元,总额为532.8万元人民币的土地使用权批租地价。

此外,双方还就履行期限等问题作出约定,其中第四条约定:乙方承担的拆迁户还建安置,从发出拆迁证之日起,必须在两年内完成。合同签订后,××公司领取了拆迁许可证,证上载明拆迁期限为1993年12月3日至1994年3月3日。××公司按期开始实施旧房拆迁,但由于在与拆迁户协商补偿安置方面难度大,拖延了拆迁时间,至1994年10月10日市拆迁办验收时,该地块仍有个别拆迁户的拆迁安置问题没有解决。之后因拆迁中的遗留问题、资金投入问题、危旧房改造的优惠政策兑现问题以及办理有关建设施工方面许可证等问题不落实,工程迟迟不能开工。市土地局于1997年1月作出《关于责令"××园小区"项目拆迁还建房限期复工的通知》,限期××公司务必复工,尽快按协议还建安置,否则将采取措施依法对该项目进行处理。由于××公司的"还建楼"、"商住楼"均在建造至三层后停工,且一直未能复工,市土地局在举行了××公司参加的听证会后,于1997年4月16日作出行政处罚决定书。认定:市规划局于1993年11月25日发出拆迁证,到立案调查时已过三年零三个月,在建工程建到框架三层后,长期停建,多次督促仍未复工,致使共发生七次该片拆迁户堵塞和平大道交通的事件,给社会安定带来严重影响，根据《中华人民共和国城镇国有土地使用权出让和转让暂行条例》（以下简称《暂行条例》）第十七条的规定，决定无偿收回该合同中批租地块的土地使用权。××公司接到处罚决定后向该省土地管理局申请复议。该局复议后，维持了市土地局的处罚决定。××公司向人民法院提起诉讼。

2.1.1 问题的提出

1. 房地产开发企业设立有何资质要求？
2. 我国国有土地使用权的取得方式有哪些？本案中××公司取得国有土地使用权的方式是否合法？
3. 本案中，对讼争的地块进行拆迁是否合法？
4. 违反用地制度的法律责任有哪些？

2.1.2 问题的解答

1. 房地产开发企业是以盈利为目的，从事房地产开发和经营的企业。它是房地产开发和交易的主体，是房地产市场中的主要角色。房地产开发企业的开发、经营活动是否规范有序，直接关系着房地产业的繁荣和健康发展。随着房地产业的迅速发展，我国的房地产开发企业从无到有，日益增多，并随着实践的发展，出现了多种类型。

根据我国《城市房地产管理法》的规定，房地产开发企业的设立应符合以下条件：有自己的名称和组织机构；有固定的经营场所；有符合国务院规定的注册资本；有足够的专业技术人员；符合法律、法规规定的其他条件。具体而言，根据《城市房地产开发经营管理条例》，设立房地产开发企业还应具备以下条件：

（1）有100万元以上的注册资本；

（2）有4名以上持有资格证书的房地产专业、建筑工程专业的专职技术人员，2名以上持有资格证书的专职会计人员。省、自治区、直辖市人民政府可以根据本地方的实际情况，对设立房地产开发企业的注册资本和专业技术人员的条件作出高于前款的规定。

设立开发企业，应向工商行政管理部门申请设立登记，工商行政管理部门对符合条件的准予登记并发给营业执照，如果设立有限责任公司、股份有限公司还应该按《中华人民共和国公司法》的有关规定办理。新设立的房地产开发企业应当持下列文件到房地产开发主管部门备案：

（1）营业执照复印件；

（2）企业章程；

（3）验资证明；

（4）企业法定代表人的身份证明；

（5）专业技术人员的资格证书和劳动合同；

（6）房地产开发主管部门认为需要出示的其他文件。

房地产开发主管部门应当在收到备案申请后30日内向符合条件的企业核发

《暂定资质证书》。

《暂定资质证书》的有效期为1年。房地产开发主管部门可以视企业经营情况延长《暂定资质证书》的有效期,但延长期限不得超过2年。

自领取《暂定资质证书》之日起1年内无开发项目的,《暂定资质证书》有效期不得延长。

房地产开发企业办理房地产开发和经营业务时,应当出示《房地产开发企业资质证书》。主管部门对《房地产开发企业资质证书》实行年度审核制度。

我国目前对房地产企业实行资质划分制度,房地产开发企业应当按照规定,申请核定企业资质等级。未取得房地产开发资质等级证书(以下简称资质证书)的企业,不得从事房地产开发经营业务。房地产开发企业按照企业条件分为四个资质等级。各资质等级企业的条件如下:

(1) 一级资质。

1) 注册资本不低于5000万元;

2) 从事房地产开发经营5年以上;

3) 近3年房屋建筑面积累计竣工30万平方米以上,或者累计完成与此相当的房地产开发投资额;

4) 连续5年建筑工程质量合格率达100%;

5) 上一年房屋建筑施工面积15万平方米以上,或者完成与此相当的房地产开发投资额;

6) 有职称的建筑、结构、财务、房地产及有关经济类的专业管理人员不少于40人,其中具有中级以上职称的管理人员不少于20人,持有资格证书的专职会计人员不少于4人;

7) 工程技术、财务、统计等业务负责人具有相应专业中级以上职称;

8) 具有完善的质量保证体系,商品住宅销售中实行了《住宅质量保证书》和《住宅使用说明书》制度;

9) 未发生过重大工程质量事故。

(2) 二级资质。

1) 注册资本不低于2000万元;

2) 从事房地产开发经营3年以上;

3) 近3年房屋建筑面积累计竣工15万平方米以上,或者累计完成与此相当的房地产开发投资额;

4) 连续3年建筑工程质量合格率达100%;

5) 上一年房屋建筑施工面积10万平方米以上,或者完成与此相当的房地产开发投资额;

6) 有职称的建筑、结构、财务、房地产及有关经济类的专业管理人员不少于20人,其中具有中级以上职称的管理人员不少于10人,持有资格证书的专职会计人员不少于3人;

7) 工程技术、财务、统计等业务负责人具有相应专业中级以上职称;

8）具有完善的质量保证体系，商品住宅销售中实行了《住宅质量保证书》和《住宅使用说明书》制度；

9）未发生过重大工程质量事故。

（3）三级资质。

1）注册资本不低于800万元；

2）从事房地产开发经营2年以上；

3）房屋建筑面积累计竣工5万平方米以上，或者累计完成与此相当的房地产开发投资额；

4）连续2年建筑工程质量合格率达100%；

5）有职称的建筑、结构、财务、房地产及有关经济类的专业管理人员不少于10人，其中具有中级以上职称的管理人员不少于5人，持有资格证书的专职会计人员不少于2人；

6）工程技术、财务等业务负责人具有相应专业中级以上职称，统计等其他业务负责人具有相应专业初级以上职称；

7）具有完善的质量保证体系，商品住宅销售中实行了《住宅质量保证书》和《住宅使用说明书》制度；

8）未发生过重大工程质量事故。

（4）四级资质。

1）注册资本不低于100万元；

2）从事房地产开发经营1年以上；

3）已竣工的建筑工程质量合格率达100%；

4）有职称的建筑、结构、财务、房地产及有关经济类的专业管理人员不少于5人，持有资格证书的专职会计人员不少于2人；

5）工程技术负责人具有相应专业中级以上职称，财务负责人具有相应专业初级以上职称，配有专业统计人员；

6）商品住宅销售中实行了《住宅质量保证书》和《住宅使用说明书》制度；

7）未发生过重大工程质量事故。

房地产开发企业应当在《暂定资质证书》有效期满前1个月内向房地产开发主管部门申请核定资质等级。房地产开发主管部门应当根据其开发经营业绩核定相应的资质等级。

申请《暂定资质证书》的条件不得低于四级资质企业的条件。临时聘用或者兼职的管理、技术人员不得计入企业管理、技术人员总数。申请核定资质等级的房地产开发企业，应当提交下列证明文件：

（1）企业资质等级申报表；

（2）房地产开发企业资质证书（正、副本）；

（3）企业资产负债表和验资报告；

（4）企业法定代表人和经济、技术、财务负责人的职称证件；

（5）已开发经营项目的有关证明材料；

（6）房地产开发项目手册及《住宅质量保证书》、《住宅使用说明书》执行情况报告；

（7）其他有关文件、证明。

2. 根据我国有关法律规定，城市市区的土地属于国家所有，城市郊区的土地除法律有特殊规定属于国家所有的以外归集体所有。集体土地不能够直接进行房地产商业项目的开发。如需要商业开发，需根据有关的法律规定将集体土地征收为国家所有后，再行开发。房地产开发用地有偿使用，是指各级政府代表国家以土地所有者身份，将国有土地使用权在一定年限内让与土地使用者，签订土地使用权出让合同，由土地使用者向国家交付土地使用权出让金后，在取得土地使用权的土地上按合同规定和城市规划要求进行基础设施、房屋建设的行为。

凡使用市区房地产开发用地进行建设的，必须实行有偿出让土地使用权。下列情况经批准后可以划拨方式取得土地使用权：

（1）国家机关用地和军事用地；

（2）城市基础设施用地和公益事业用地；

（3）国家重点扶持的能源、交通、水利等建设项目用地；

（4）法律、行政法规规定的其他用地。

此外，根据国家、省有关城镇土地分类定级规定，市区房地产开发用地为商业用地、住宅用地和工业用地。有下列情形之一者，实行有偿使用：

（1）商业用地包括各类商店及其附属小型工厂、车间和仓库用地；金融、保险、证券交易用地；贸易、商务及咨询机构用地；饮服业、旅游业及附属设施用地；独立地段的各类市场用地。

（2）住宅用地包括别墅、豪华住宅和商品房、涉外商品房用地。

（3）工业用地包括工业商品房和非国家扶持的工业项目及仓库、堆场用地。

以招标、拍卖、协议、挂牌的方式取得土地使用权的土地使用者，必须与有关行政管理部门签订《国有土地使用权出让合同》。土地使用者必须严格履行土地使用权出让合同中载明的义务，对未按合同规定的期限和条件开发、利用土地的，擅自改变土地使用用途的，土地闲置时间超过2年不进行开发的，逾期不交清土地出让金的，市、县人民政府土地管理部门有权依法纠正、处置，直到无偿收回土地使用权，重新招标拍卖或挂牌出让，原土地使用者所缴纳的土地出让金不予退还。

土地出让金征收后全额上交财政，任何部门、单位不得截留挪用。土地出让金主要以货币支付为主，对确有困难的，经财政部门同意，报批后可以实物作价抵付。

根据城市规划及房地产开发年度计划，对市区实行有偿使用的房地产开发用地，由市、县人民政府土地管理部门与房地产开发单位签订《国有土地使用权出让合同》并报经原批准用地的人民政府批准后，依法收回出让地块范围内原土地使用者的土地使用权，注销原土地使用者持有的《国有土地使用证》。有关用地单位和个人必须服从调整用地的决定。

出让土地使用权是土地使用者以向国有土地所有者代表支付出让金为代价而原始取得的有期限限制的国有土地使用权。

（1）受让土地使用权的主体。境内外法人、非法人组织和公民个人可依法取得出让土地使用权。但是，外商投资开发经营成片土地，应依法设立中外合资经营企业、中外合作经营企业、外商独资企业，享有该项权利。

（2）出让土地使用权的取得。出让土地使用权的合法取得方式为拍卖、招标、协议、挂牌。《城市房地产管理法》规定，商业、旅游、娱乐和豪华住宅用地，应当采取拍卖、招标方式出让土地使用权。2007年9月28日，国土资源部出台了《招标拍卖挂牌出让国有建设用地使用权规定》，该规定中明确：工业、商业、旅游、娱乐和商品住宅等经营性用地以及同一宗地有两个以上意向用地者的，应当以招标、拍卖或者挂牌方式出让。

土地使用者应当在签订土地使用权出让合同后60日内支付全部土地使用权出让金，领取土地使用权证，取得出让土地使用权。依双方约定采取分期付款方式取得出让土地使用权的，在未付清全部出让金前，土地使用者领取临时土地使用权证。

国家可将出让土地使用权作价出资或入股作为对企业的投资，国家对企业享有相应的投资者权益（股权），企业享有出让土地使用权。

（3）出让土地使用权的内容与限制。出让土地使用权人在出让使用期限内依法对土地享有占有权、使用权、收益权和部分处分权。分期付款取得出让土地使用权的，在领取临时土地使用权证期间，土地使用者对土地不享有部分处分权。该部分处分权指出让土地使用权人可依法将其享有的土地权利转让、出租、抵押或用于合资、合作经营及其他经济活动。出让土地使用权人对其使用土地上的地上建筑物、其他附着物享有所有权。

土地使用者需要改变土地使用权出让合同约定的土地用途的，必须取得出让方和市、县人民政府城市规划行政主管部门的同意，签订土地使用权出让合同变更协议或者重新签订土地使用权出让合同，相应调整土地使用权出让金。土地使用者必须依土地使用权出让合同的约定开发、利用土地。土地使用者转让土地使用权必须符合法定条件。

划拨土地使用权是土地使用者经县级以上人民政府依法批准，在缴纳补偿、安置等费用后所取得的或者无偿取得的没有使用期限限制的国有土地使用权。

划拨土地使用权人不得擅自改变土地用途，转让、出租和抵押其权利须符合法定条件并履行法定手续。

本案中，××公司在支付了土地使用费的前提下，有偿取得国有土地的使用权，系合法行为。

3. 国务院于2001年6月13日颁布了《城市房屋拆迁管理条例》，明确了为维护拆迁当事人的合法权益，保障建设项目顺利进行，可以在城市规划区内国有土地上实施房屋拆迁，但需要对被拆迁人进行补偿、安置。城市房屋拆迁必须符合城市规划，拆迁人应当依照《城市房屋拆迁管理条例》的规定，对被拆迁人给予补偿、安置；被拆迁人应当在搬迁期限内完成搬迁。拆迁房屋的单位只有在取得房屋拆迁许可证后，方可实施拆迁。

根据《城市房屋拆迁管理条例》及有关法律的规定，本案中，××公司在取得房屋拆迁许可证后所实施的拆迁行为系合法行为。

4. 根据《中华人民共和国城镇国有土地使用权出让和转让暂行条例》第十七条的规定："土地使用者应当按照土地使用权出让合同的规定和城市规划的要求，开发、利用、经营土地。未按合同规定的期限和条件开发、利用土地的，市、县人民政府土地管理部门应当予以纠正，并根据情节可以给予警告、罚款直至无偿收回土地使用权的处罚。"对于不按土地使用权出让合同规定的期限和条件开发、利用土地的行为，县级以上土地管理部门应当予以纠正，并可给予警告、罚款直至无偿收回土地使用权的行政处罚。

经过法定手续，以划拨、出让方式取得土地使用权的单位或个人，未按照规定的土地用途利用土地，也未经过原批准用地的人民政府同意，超过规定期限未动工开发的建设用地，视为闲置用地，土地管理部门应对闲置土地及时处置。

（1）闲置土地的范围包括：

1）未按建设用地批准书和土地使用权出让合同规定的期限开发利用土地的。

2）国有土地有偿使用合同或者建设用地批准书未规定动工开发建设日期，自国有土地有偿使用合同生效或者土地行政主管部门建设用地批准书颁发之日起满1年未动工开发建设的。

3）已动工开发建设但开发建设的面积占应动工开发建设总面积不足1/3或者已投资额占总投资额不足25%且未经批准中止开发建设连续满1年的。

（2）闲置土地的处置方式：

1）延长开发建设时间，但最长不得超过1年。

2）改变土地用途，办理有关手续后继续开发建设。

3）安排临时使用，待原项目开发建设条件具备后，重新批准开发，土地增值的，由政府收取增值地价。

4）政府为土地使用者置换其他等价闲置土地或者现有建设用地进行开发建设。

5）政府采取招标、拍卖等方式确定新的土地使用者，对原建设项目继续开发建设，并对原土地使用者给予补偿。

6）土地使用者与政府签订土地使用权交还协议等文书，将土地使用权交还给政府。政府应当依照土地使用权交还协议等文书的约定供应与其交还土地等价的土地。

7）因政府及有关部门行为造成土地闲置的，由政府和用地单位协商解决。

（3）征收土地闲置费：

在城市规划区范围内，以出让方式取得土地使用权，超过出让合同约定的动工开发日期满1年未动工开发的，可以征收相当于土地使用权出让金的20%以下的土地闲置费。

已经办理审批手续的非农业建设占用耕地，1年以上未动工建设的，按省、自治区、直辖市的规定征收土地闲置费。

2.1.3 案例的评析

本案中，××公司与某市土地局经双方协商所签订的《批租合同》合法有效。××公司在履行合同过程中，未在拆迁证发出后2年内完成拆迁户的还建安置，违反了合同规定。市土地局在对××公司作出处罚前，进行了调查，并根据××公司及第三人的申请举行了听证。在作出处罚决定后又送达给当事人，同时告知其享有申请复议及向人民法院提起诉讼的权利。因此，市土地局作出的处罚决定程序合法。

案例 2.2

2000年，北京市某房地产开发有限责任公司对某地块进行商业房地产项目开发。在完成了项目申报审核等一系列手续后，取得了有关部门颁发的拆迁期限为2000年9月19日至2001年9月19日的拆迁许可证。后由于工程进度等问题，经过批准该拆迁许可证的期限延期至2003年9月17日。

此次拆迁面积为1.38万平方米，涉及拆迁居民463人。在被拆迁房屋范围内，有一处房屋系出租房，现由李某一家承租居住。李某因家庭生活困难等原因，拒绝搬迁。在经过多次谈判仍无法达成拆迁协议的情况下，2003年9月，北京某房地产开发有限责任公司拆迁部经理王某在未经行政裁决的情况下，擅自对尚未达成拆迁补偿协议的被拆迁居民李某实施强制拆迁。9月18日，王某组织人员在被拆迁房屋的东侧挖了一条5米长的沟，以便将被拆除的房屋推到沟里。19日23时，王某组织人员破门闯入李某家，将正在睡觉的李某夫妇蒙眼、堵嘴捆绑后，连同其儿子一起抬到门外。随后，用推土机将李某一家居住的房屋全部推倒，屋内所有家居用品均被埋在其中。

2.2.1 问题的提出

1. 房地产开发经营的流程有哪些？
2. 房屋拆迁法律关系的主、客体有哪些？拆迁法律关系主体的权利和义务分别有哪些？
3. 城市拆迁的条件和要求有哪些？
4. 拆迁人必须遵守的规定有哪些？拆迁管理部门能否作为拆迁人？
5. 如何签订拆迁补偿安置协议？达不成拆迁补偿安置协议如何处理？
6. 在什么情况下可以强制拆迁？
7. 房屋的拆迁补偿金额如何确定？对房地产估价报告有疑问的救济途径是

什么？

8. 房地产拆迁中承租人的法律地位如何？

2.2.2 问题的解答

1. 根据房地产生产和再生产运行顺序，以及各阶段经营管理的内容，房地产开发经营大体上可以划分为七个阶段或运行过程。

（1）建设工程项目设立和企业组建；
（2）房地产建设工程项目规划与审批；
（3）土地使用权的取得；
（4）征地与拆迁；
（5）工程建设与管理；
（6）房地产的租售管理；
（7）物业管理。

虽然房地产业具有的区域性特点使得各地区或各城市的房地产生产和运行情况不完全相同，但是房地产业运行的规律和阶段是基本相同的。下面以北京市为例，并根据房地产经济发展规律和国家有关政策规定，对房地产开发经营管理各阶段以及各阶段需要完成的工作，作比较具体的说明。北京市房地产开发经营管理基本程序如下：

（1）提出立项意向书，向市规划部门进行咨询。

房地产开发经营管理企业，如果要进行房地产开发建设，必须首先向主管部门提出立项申请报告。如果在北京没有房地产开发经营权，则需要与具有房地产开发经营权的房地产开发经营企业进行合作开发建设，如成立项目公司等。各方究竟如何合作，则应在遵守法律法规和政策的前提下由双方协商确定。

（2）向市发展与改革委员会（以下简称市发改委）提交立项报告书，申请立项。如项目较大还需向首都规划管理委员会申报。

（3）市发改委同市规划管理部门经过研究审批，如果同意立项，发给立项批复意见书，并要求建设单位进行项目可行性研究。

（4）申请者向市发改委和市建委提交项目可行性研究报告。

（5）市发改委、市建委、首都规划建设委员会（简称首规委）与各专业局（即自来水管理部门、燃气管理部门等）审查可行性研究报告，经审查可行性报告通过，即下达审查通过的批复文件，并下达规划设计任务书。

（6）申请者根据批复，办理征地及前期规划准备工作，然后到市城市规划管理局（简称市规划局）领取规划设计任务通知单，并办理征地意见书。

（7）申请者到土地所在地区的土地管理部门及原土地使用部门征求意见。这一阶段可分两种情况：

1）所使用的土地如果属于新征土地，即农村集体所有的土地则需要：

①到区、县土地管理局（简称土地局）、规划局以及所用土地的乡政府或村公所征求意见。

②将征求意见的结果报市土地管理局。
2）如果属于旧城改造范围地区的土地，即城市国有的土地则需要：
①到当地的区、县的土地管理部门征求意见。
②将征求意见的结果报市房地产管理局。
（8）以上第（7）项工作完成后，将结果报市政府审批。市政府审批后，正式办理用地手续。
（9）收到市政府关于土地使用权的批文后，同时进行以下三部分工作。
1）第一部分工作：
①到规划局办理建设用地规划许可证。
②申请确定规划设计条件。
③持规划设计条件到市公用局、供电局、环保及电信管理局征询意见。
④规划局审查后，下达规划条件通知单。
⑤根据规划条件通知单，委托有资格的规划设计单位，或采用招标投标方式，选择规划设计单位进行规划设计并提出规划设计方案。
⑥到规划局领取设计方案送审书。
⑦规划局对规划方案进行审查，并提出对方案审查的意见。
⑧规划设计方案出图后，送规划局（如果需要还要送市规划委员会）审图。方案通过后，可进行施工图设计，出图后报规划局审图。方案图批准后，到城市建设档案馆交保证金，到规划局领取建设工程规划许可证。
2）第二部分，持建设用地规划许可证，完成以下各项工作：
①画桩位，并给出打桩条件。
②委托测绘院钉桩并进行测绘。
③将打桩收集到的数据，提送设计单位。
3）第三部分工作：
①持建设用地规划许可证和征地意见书，以及用地申请报告、经市计委、建委、首都规划委员会批准的项目可行性报告、规划设计方案、市规划局开具的设计任务通知单、企业章程、营业执照副本、地形图等，到市土地管理局办理征地手续。征地方式根据建设用地性质的不同，分别采用拍卖方式、招标出让方式、协议出让方式、挂牌出让方式以及划拨方式等。如果占用耕地，还需要缴纳耕地占用税。
②在立项报告批准之后，即可到建设项目所在地的区、县地政管理部门办理户口冻结手续等工作。
③地政管理部门审查拆迁安置方案并发给拆迁许可证。
④对建设用地进行"三通一平"等工作，即通水、通电、通路和平整土地等。
（10）完成以上各项工作后，即可进行施工前的准备工作。
1）委托质量监督总站和监理公司进行工程质量监督。
2）到市统计局落实任务。
3）市审计局审核资金来源、任务来源及一切手续。

4）市开发办秘书处登记备案。

（11）完成了以上工作，施工前准备工作即告结束。还须到市建委领取开工证，进入项目施工阶段。

建设施工单位进驻施工现场后，建设单位应着手召集给水、排水、道路、燃气、电力、电信、热力及设计单位，召开市政工程设计协调会，确定各管线位置、高程，确定市政管线综合图。

这一阶段的工作，大体上可以分为六个部分。

1）组织各项市政管线的设计工作。

2）通知园林绿化管理部门，办理小区绿化手续。

3）按道路方案施工，到市规划局主管部门办理道路施工许可证。

4）办理自来水管线设计，到市规划局市政处办理给水管线施工许可证。办理排水管线设计，到市规划局市政处办理污水管线施工许可证。

5）委托燃力公司进行燃力线路设计，到市规划局市政处办理热力管线施工许可证。

6）委托燃气公司进行燃气管线设计，到市规划局市政处办理燃气管线施工许可证。

（12）土建工程完工后，建设单位组织各项市政配套工程的施工。

全部完工后组织施工单位、设计单位、质量监督单位及其他相关管理部门进行联合验收。验收合格后即可交付使用。

2. 与房屋拆迁法律关系的主体、客体及拆迁法律关系主体的权利和义务相关的内容如下。

（1）拆迁法律关系的主体。

拆迁法律关系主体是指依据拆迁法律规范的规定参加拆迁法律关系，享有权利和承担义务的个人或者组织。根据我国的拆迁法律规范的规定，能够参加拆迁法律关系的人或者组织有：

1）拆迁人。即依据《城市房屋拆迁管理条例》的规定取得房屋拆迁许可证的建设单位和个人。建设单位是指依据我国基本建设程序取得各项建设批准文件的法人、有关的国家机关及某些特定的非法人组织；个人是指中国公民、外国人和无国籍人。

2）被拆迁人。关于被拆迁人，在2001年11月1日前的《城市房屋拆迁管理条例》中规定，被拆迁人包括被拆除房屋及附属物的所有权人、代管人及其使用人。在2001年11月1日后则规定，被拆迁人就是被拆迁房屋的所有权人，不再包括被拆迁房屋的使用人。承租人作为单独的拆迁当事人不再包括在被拆迁人范围内。

3）房屋拆迁单位。即取得房屋拆迁资格证书，专门从事房屋拆迁工作的单位。

4）房屋拆迁行政主管机关。即依据《城市房屋拆迁管理条例》的规定行使拆迁行政管理职权的行政管理部门及地方人民政府授权管理拆迁事务的其他行政机关。

5）县级以上人民政府。县级以上人民政府在特定的情况下可以行使强制拆迁的决定权。

（2）拆迁法律关系的客体。

拆迁法律关系的客体是指依据拆迁法律法规的规定，拆迁法律关系主体的权利和义务所指向的对象，包括被拆迁的房屋及其附属物以及拆迁法律行为。

（3）拆迁法律关系主体的权利和义务。

拆迁法律关系主体的权利和义务是指主体依据拆迁法律规范的规定所享有的权利和承担的义务。

例如，拆迁人在取得许可证之后，有权利与被拆迁人就拆迁事宜达成协议后拆除被拆迁人的房屋及附属物，同时履行给被拆迁人安置和补偿的义务，必要时提供周转房；被拆迁人有权利获得安置和补偿并在必要时要求拆迁人提供周转房，同时履行及时搬家的义务；拆迁行政主管机关在拆迁人与被拆迁人无法就拆迁事宜经协商达成协议时，可以依据任何一方当事人的申请作出拆迁裁决，并有权利对于拆迁过程中的违法行为进行处罚；县级以上人民政府可以对于拆迁事宜进行行政管理，在必要时可以应拆迁人的申请限令被拆迁人在指定的期间内履行拆迁义务（搬家），并可以在被拆迁人拒绝履行拆迁义务的情况下作出强制执行的决定交有关的部门执行；被拆迁人和拆迁人在拆迁中有权利提起诉讼等等。

3.《城市房屋拆迁管理条例》中对拆迁有明确要求：城市房屋拆迁必须符合城市规划，有利于城市旧区改造和生态环境改善，保护文物古迹。国务院总理温家宝在十届全国人大二次会议上作政府工作报告时指出：在城镇房屋拆迁中，要严格依据城市总体规划和近期建设规划，合理确定拆迁规模。

总体规划和近期建设规划，是各地依据实际情况制定、经过立法机关表决的、具有法律效力的行政文件。当前存在的问题是，一些地方没有规划，或者有规划也形同虚设，"规划跟着领导走"。国务院明确要求：根据各地的经济发展水平、社会承受能力和居民的收入状况，编制房屋拆迁中长期规划和年度计划；各级政府不得违反法定程序和法律规定，以政府纪要或文件代替法规确定的拆迁许可要件及规划变更。

4.拆迁人须遵守的规定主要有以下几个方面。

（1）对城市规划区内国有土地上房屋实施拆迁的单位，必须取得房屋拆迁许可证后，方可实施房屋拆迁。实施房屋拆迁前，拆迁人须向房屋所在地的市、县人民政府房屋拆迁管理部门提交下列资料：建设项目批准文件；建设用地规划许可证；国有土地使用权批准文件；拆迁计划和拆迁方案；办理存款业务的金融机构出具的拆迁补偿安置资金证明。

（2）拆迁人可以自行拆迁，也可以委托具有拆迁资格的单位实施拆迁。拆迁人委托拆迁的，应当向被委托的拆迁单位出具委托书，并订立拆迁委托合同。

（3）拆迁人应当在房屋拆迁许可证确定的拆迁范围和拆迁期限内，实施房屋拆迁。需要延长拆迁期限的，拆迁人应当在拆迁期限届满15日前，向房屋拆迁管理部门提出延期拆迁申请；房屋拆迁管理部门自收到延期拆迁申请之日起10日内给予答复。

房屋拆迁管理部门不得作为拆迁人，也不得接受拆迁委托。房屋拆迁管理部门在发放房屋拆迁许可证的同时，应当将房屋拆迁许可证中载明的拆迁人、拆迁范围、拆迁期限等事项，以房屋拆迁公告的形式予以公布。

5. 拆迁补偿安置协议的签订方式：依照《城市房屋拆迁管理条例》的规定，拆迁人与被拆迁人应当就补偿方式和补偿金额、安置用房面积和安置地点、搬迁期限、搬迁过渡方式和过渡期限等事项，签订拆迁补偿安置协议。政府行政机关不得干预或强行确定拆迁补偿标准，以及直接参与和干预应由拆迁人承担的拆迁活动。

拆迁补偿安置协议签订后，被拆迁人或者房屋承租人在搬迁期限内拒绝搬迁的，拆迁人可依法向仲裁委员会申请仲裁，也可依法向人民法院起诉。诉讼期间，拆迁人可以依法申请人民法院先予执行。

拆迁人与被拆迁人或者拆迁人、被拆迁人与房屋承租人达不成拆迁补偿安置协议的，经当事人申请，由房屋拆迁管理部门裁决。房屋拆迁管理部门是被拆迁人的，由同级人民政府裁决。裁决应当自收到申请之日起30日内作出。当事人对裁决不服的，可以自裁决书送达之日起60日内向作出裁决的房屋拆迁管理部门的本级人民政府申请行政复议，也可以向作出裁决的房屋拆迁管理部门的上一级主管部门申请行政复议。当事人也可以自裁决书送达之日起3个月内向人民法院起诉。拆迁人依照《城市房屋拆迁管理条例》规定已对被拆迁人给予货币补偿或者提供拆迁安置用房、周转用房的，诉讼期间不停止拆迁的执行。

6. 被拆迁人或者房屋承租人在裁决规定的搬迁期限内未搬迁的，由房屋所在地的市、县人民政府责成有关部门强制拆迁，或者由房屋拆迁管理部门依法申请人民法院强制拆迁。实施强制拆迁前，拆迁人应当就被拆除房屋的有关事项，向公证机关办理证据保全。

《城市房屋拆迁行政裁决工作规程》是对《城市房屋拆迁管理条例》中行政裁决和强制拆迁管理的细化，该规程对受理申请、作出裁决和强制执行的条件、程序、时限，裁决书的内容以及不服裁决的司法救济程序等作出了详细规定，并明确要求书面裁决和申请强制执行必须经房屋拆迁管理部门领导班子集体讨论决定；增加了行政调解程序；建立了拆迁听证制度；确立了拆迁补偿安置标准的裁决原则；完善了拆迁裁决的司法救济程序。

7. 拆迁安置补偿费是指拆除房屋、构筑物及其附属物按规定支付的补偿费及安置费。

拆迁安置补偿费实际包括两部分费用，即拆迁安置费和拆迁补偿费。拆迁安置费是指开发建设单位对被拆除房屋的使用人依据有关规定给予安置所需的费用。被拆除房屋的使用人因拆迁而迁出时，作为拆迁人的开发建设单位应付给搬迁补助费或临时安置补助费。拆迁补偿费是指开发建设单位对被拆除房屋的所有权人，按照有关规定给予补偿所需的费用。拆迁补偿的方式，可以实行货币补偿，也可以实行房屋产权调换。

《城市房屋拆迁管理条例》规定，房屋拆迁货币补偿金额，根据被拆迁房屋的区位、用途、建筑面积等因素，以房地产市场评估价格确定。具体办法由各省、自治区、直辖市人民政府制定。

建设部制定的《城市房屋拆迁估价指导意见》要求：房屋拆迁评估须依法按程序进行。房屋拆迁估价必须由具有房地产价格评估资格的评估机构承担。确定拆迁估价机构应当公开、透明，采取被拆迁人投票或拆迁当事人抽签等方式确定。估价机构和估价人员与拆迁当事人有利害关系的或者是拆迁当事人的，应当回避。拆迁估价机构在房屋估价时，要参照房地产市场交易价格和市、县人民政府或其授权部门定期公布的房地产市场价格，结合被拆迁房屋的房地产状况进行评估。并将分户的初步估价结果向被拆迁人公示7日。

法律同时规定了对房地产估价报告有疑问的救济途径：

拆迁人或被拆迁人对估价报告有疑问的，估价机构应当向其解释估价结果产生的过程，拆迁当事人对估价结果有异议申请复估的，自收到估价报告之日起5日内给予答复；对复核结果仍有异议，可以向被拆迁房屋所在地的房地产价格评估专家委员会申请技术鉴定。

估价专家委员会应当自收到申请之日起10日内，对申请鉴定的估价报告的估价依据、估价技术路线、估价方法选用、参数选取、估价结果的确定方式等估价技术问题，出具书面鉴定意见。估价报告不存在技术问题的，维持估价报告；估价报告存在技术问题的，估价机构应当改正错误，重新出具估价报告。

8.2001年11月1日起施行的《城市房屋拆迁管理条例》不再将承租人作为被拆迁人，而是将承租人作为独立的拆迁当事人——即承租人，并在该行政法规中赋予承租人相应的权利和义务。

（1）房屋承租人的概念。

房屋承租人是指以租赁方式取得使用权房屋并对房屋占有、使用的当事人，包括公民、法人或者其他组织。

法律意义上的租赁，即出租人和承租人之间以租赁合同的方式确定双方当事人之间的权利和义务关系，因此确定承租人的身份必须以租赁合同为准。

（2）承租人的权利和义务。

根据2001年11月1日起施行的《城市房屋拆迁管理条例》的规定，承租人的权利主要有：

1）在拆迁租赁房屋时，有权利要求出租人与拆迁人之间签订产权调换拆迁协议；

2）在拆迁人与产权人之间签订的拆迁协议损害其合法权益的，承租人可以请求人民法院宣告有关拆迁协议无效；

3）就拆迁补偿事宜与出租人、拆迁人进行协商并签订拆迁协议；

4）对经协商不能达成拆迁协议的事宜，可以请求房屋拆迁主管部门裁决；

5）对拆迁裁决不服的，可以提起行政复议和行政诉讼；

6）对拆迁行政处罚不服的，可以提起行政复议或者行政诉讼；

7）对拆迁人未能依照法律规定拆迁的，承租人有权利要求拆迁主管部门依法处理；

8）对强制拆迁的决定可以提起诉讼或者申请行政复议；

9）其他承租人应当享有的权利。

承租人的义务：

1）履行拆迁人、被拆迁人与承租人之间签订拆迁协议书的义务；

2）履行已经发生法律效力的判决书、调解书、裁定书确定的义务；

3）履行已经发生法律效力的拆迁裁决书确定的义务；

4）其他应当由承租人履行的义务。

（3）承租人在拆迁法律关系中的地位。

2001年6月13日颁布的《城市房屋拆迁管理条例》将承租人从被拆迁人中独立出来，单独在拆迁法律规范中规定了承租人在拆迁法律关系中的权利和义务。根据《城市房屋拆迁管理条例》第4条第3款的规定，被拆迁人就是房屋所有人，不再包括使用人。因此与1991年3月22日颁布的《城市房屋拆迁管理条例》相比较，承租人不再是被拆迁人。

1）承租人在拆迁法律关系中的地位具有从属性。

1991年3月22日颁布的《城市房屋拆迁管理条例》将承租人作为被拆迁人，承租人享有被拆迁人所享有的应当被安置的全部权利和义务。2001年6月13日颁布的《城市房屋拆迁管理条例》不再有这样的规定，仅仅规定承租人在拆迁中，如果与产权人不能就拆迁补偿的事宜达成一致意见的，或者不能就房屋租赁合同的解除达成一致意见的，或者与拆迁人不能就房屋拆迁补偿达成一致意见的，房屋的拆迁补偿应当按照产权调换解决，原租赁合同应当修改。

因此在《城市房屋拆迁管理条例》中，承租人的地位从属于所有权人，根据其与所有权人之间的租赁合同的规定及意思表示来确定自己的权利和义务，其权利和义务从属于其与所有权人之间的租赁合同的规定及在拆迁过程中双方的意思表示。

2）承租人在拆迁中的权利具有独立性。

虽然承租人在拆迁法律关系中的地位可能从属于产权人，但其在拆迁法律关系中的地位仍然具有独立性，具体表现如下：

①承租人与产权人或者拆迁人不能就拆迁补偿的事宜达成一致意见时，承租人可以依照法律规定提起拆迁裁决申请，请求房屋拆迁主管部门依照法律规定保护自己在拆迁法律关系中的合法权益。

②承租人对拆迁裁决具有独立的提起司法审查权利，即承租人对房屋拆迁主管部门作出的拆迁裁决不服的，可以独立以自己的名义提起诉讼或者申请行政复议，对拆迁人、产权人拒绝执行已经发生法律效力的拆迁裁决或者人民法院的判决或者裁定时，承租人可以独立提起强制执行申请。

③承租人可以独立地按照自己的意见处理自己在拆迁中的权利和义务。《城市房屋拆迁管理条例》规定了承租人在拆迁中可以独立地以自己的名义处分自己的

民事权利及诉讼权利，根据自己对拆迁的经济利益的预期，决定自己对拆迁法律关系的影响。

④承租人是拆迁法律关系中独立的当事人，其地位区别于被拆迁人和拆迁人。

2.2.3 案例的评析

本案中，北京市某房地产开发有限责任公司虽然经过合法的开发项目立项，并且该项目也获得了有关主管部门的批准，系合法房地产开发项目，但其对房屋的拆迁工作存在违法之处。房屋拆迁工作除了要取得拆迁许可证外，还应严格按照法律程序进行。拆迁法律关系双方无法达成协议时，应按照有关法律规定申请强制执行，而不能由房地产公司自行强行和野蛮拆迁。本案中，房屋的承租人李某一家，虽然不是被拆迁人，但由于拆迁与其生活有密切关联，其合法权益是受到法律保护的。对于房地产公司野蛮拆迁给李某一家造成的经济和人身损害，李某一家有权要求赔偿。房地产公司王某等人的行为，如构成犯罪的，应当依法追究其刑事责任。

任务3
房地产开发建设法规应用

案例 3.1

甲房地产开发有限公司（以下简称甲公司）于 2002 年 5 月起在 A 行政区域开发建设了一商品房住宅小区。在该住宅项目开发建设中，甲公司与承担该住宅项目施工的乙建筑工程有限公司（以下简称乙公司）合作良好，对乙公司的施工质量、工期进度、成本控制等都比较满意。

2005 年 4 月，甲公司在 B 行政区域地又获准开发建设一高档商品住宅项目，开发建设面积 2 万平方米。甲公司领导考虑到该建设项目施工工艺比较复杂，工程质量要求比较高，与乙公司又有良好的合作基础，于是想请乙公司担任高档商品住宅项目的施工方。在甲公司申办有关建设项目施工手续时，B 行政区域地有关管理部门的领导，从带动 B 地区经济发展和增加就业机会的角度考虑，建议甲公司把该项目建造施工任务发包给当地的丙建筑工程发展有限公司（以下简称丙公司）。甲公司领导考虑到，该项目如要顺利进行，离不开当地有关部门的配合和支持。为搞好关系，甲公司最终把该项目的建设工程施工任务发包给丙公司，甲丙双方签订了建设工程施工合同。

与乙公司相比，丙公司在施工管理和人员技术等方面相对薄弱一些。在项目建设过程中，时常出现一些质量问题，工程进度也未能达到甲公司的要求。丙公司为赶施工进度，一方面把部分工程施工项目转分包给其他公司，另一方面对现浇梁板等钢筋混凝土构件缩短养护时间，提早 1~2 天拆模，有时雨后不久就赶做屋面防水层等。为此，甲公司工程监理人员对丙公司驻现场施工管理人员提出了整改要求，但同时向施工方转达了公司领导想压缩工期，赶在销售旺季时竣工验收并交付使用的要求。这使得原有的质量问题未能得到较好解决，新的质量问题又不断产生，从而影响了整个开发项目的工程质量，并造成了工程竣工和交付使用延迟等后果。

3.1.1 问题的提出

1. 房地产开发有限公司和建筑工程有限公司在住宅项目建设中各属什么角色？两者之间属于什么关系？
2. 房地产开发项目建设实行建设工程招投标有何意义？建设工程招标有哪些类型和方式？
3. 房地产开发公司与建筑工程施工单位签订《建设工程施工合同》各应符合哪些要求？施工合同应具备哪些主要内容？
4. 在房地产开发项目建设中，开发商应凭哪些主要依据对施工质量实施监控？
5. 为保证开发项目工程质量，开发商应承担哪些责任和义务？
6. 开发商应从哪些方面对开发项目工程施工进行监理？
7. 房地产开发项目中常见的工程质量问题的原因有哪些？

3.1.2 问题的解答

1. 房地产开发有限公司在住宅项目开发建设中属于业主（招标方），而建筑工程有限公司属于承包商（投标方）。两者之间属于一种招投标的承包合同关系。也就是说，业主为发包拟建的工程项目，邀请具备法定条件的承包商投标（简称招标），经资格审查合格后取得招标文件的承包商按规定填写标书，提出报价，在规定的时限内送达业主（又称投标）。然后经过开标评标等程序，业主选定承包商并书面通知接受其投标报价及有关条件（又称承包商中标）。开发商（业主）和承包商就双方所承发包工程的技术、经济问题等进行谈判，签订承包合同，即建立了工程承包合同关系，双方按合同约定和有关法规政策规定，各自行使权利和履行义务并承担相应的法律责任。

2. 房地产开发项目建设实行招标投标，其意义就在于有利于开展竞争，鼓励先进，鞭策落后，使开发项目工程得到科学有效地控制和管理，从而提高项目工程的经济效益。

1992 年 1 月，建设部在《关于加强建筑市场管理和积极开展招标投标工作的通知》中提出，要大力推进招标投标制，凡符合条件的项目工程，都必须实行招标投标，打破地区和部门界限，防止垄断；凡符合相应资质条件的建筑施工企业，都应当允许参加投标竞争，不设置地区、部门的"保护屏障"。

为了贯彻《中华人民共和国招标投标法》，原国家发展计划委员会于 2000 年 5 月发布 3 号令，令中规定，商品住宅，包括经济适用住房，属于关系社会公共利益、公众安全、公用事业项目的范围以及与其有关的项目，如勘察、设计、施工、监理以及与工程建设有关的重要设备、材料等采购，达到下列标准之一的，必须进行招标。

(1) 施工单项合同估算价在 200 万元人民币以上的。

(2) 重要设备、材料等货物的采购，单项合同估算价在 100 万元人民币以上的。

(3) 勘察、设计、监理等服务的采购，单项合同估算价在 50 万元人民币以上的。

(4) 单项合同估算价低于第 (1)、(2)、(3) 项规定的标准，但项目总投资额在 3000 万元人民币以上的。

建设工程招标类型主要有：

(1) 全过程招标。即从房地产开发项目立项建议书开始，包括可行性研究、勘察设计、设备材料询价与采购、工程施工，直到项目竣工，交付使用，实行全面招标。

(2) 勘察设计招标。

(3) 材料、设备供应招标。

(4) 工程施工招标。

建设工程招标方式主要有：

(1) 公开招标。即由招标单位通过公共媒体（如电视、广播、报刊、网络等）公开发布招标公告。

(2) 邀请招标。即由招标单位向有承担该项目工程施工能力的三个以上企业发出招标通知。

3. 根据建设部《建设工程施工合同管理办法》规定："承发包双方签订施工合同，必须具备相应资质条件和履行施工合同的能力。对合同范围内的工程实施建设时，发包方必须具备组织协调能力；承包方必须具备有关部门核定的资质等级并持有营业执照等证明文件。"如果开发商缺少组织协调能力，可以将组织管理和协调工程建设的权力及职责，委托具备相应资质的监理单位承担。在签订监理委托合同时，应明确监理单位的权限和责任，并写进施工合同。

承办人员签订合同，应取得法定代表人的授权委托书。

《建设工程施工合同》应具备以下主要内容：

(1) 工程名称、地点、范围、内容，工程价款及开、竣工日期。

(2) 双方权利、义务和责任。

(3) 工程质量要求、检验与验收方法。

(4) 合同价款调整与支付款方式。

(5) 材料、设备的供应方式与质量标准。

(6) 设计变更。

(7) 竣工条件与结算方式。

(8) 违约责任和争议解决方式等。

4. 在房地产开发项目建设中，开发商对施工质量实施监控的主要依据有：

(1) 有关技术标准、规范和规定。技术标准有国际标准、国家标准、地方标准、行业标准和企业标准，它们都是衡量设备、材料和工程质量的尺度。施工质量监控主要依据工程施工的验收规范、质量检验评定标准、原材料以及构件的技术检验和验收标准等。

（2）设计图纸和文件。按图施工是施工质量监控的基本要求，要督促施工方严格按照设计图纸和文件要求进行施工。如果图纸设计存在问题，开发商要及时办理工程洽商及工程变更通知。

（3）合同条款明确载有的开发商与承包商有关质量控制的权利和义务条款。双方必须认真履行在合同中的承诺。

（4）施工组织设计（或施工方案）。施工组织设计是承包商进行施工准备和指导现场施工的规划性文件，其内容突出了技术方案选择和保证质量措施的设计，经开发商或其委托的监理机构审核后，就成为开发商和承包商进行质量监控的重要的共同依据。

5. 根据国家有关规定，开发项目建设单位应对其选择的设计、施工单位和负责供应的设备等发生的质量问题承担相应责任。

为保证开发项目工程质量，开发商首先应根据开发项目工程特点，配备相应的质量管理人员或委托工程建设监理机构进行管理，并签订监理合同，明确双方的责任、权利和义务。其次，必须根据工程特点和技术要求，按有关规定选择相应资质等级的勘察设计、施工单位，并签订工程承包合同，明确质量责任。再次，根据开发项目的不同阶段，做好相应工作。例如，开发项目开工前，办理好有关工程质量监督手续，组织相关设计和施工单位认真进行设计交底和图纸会审；开发项目施工中，应按照国家现行的有关工程建设法律、法规技术标准及合同规定，对工程质量进行检查；开发项目竣工之后，应及时组织有关部门进行竣工验收，并提供有关使用、保养和维修的说明，满足使用要求。

6. 从工程施工监理过程划分，可分为开发项目工程施工全过程监理和阶段监理；从工作内容划分，可分为质量、工期、造价多目标监理和单目标监理。

施工质量监理，其任务就是要通过建立健全有效的质量监督工作体系，对形成工程实体的质量进行控制来确保工作质量达到预定的标准和等级要求。

施工工期监理，其任务就是要通过完善以事前控制为主的进度控制工作体系，对工程实体的施工进展进行控制，来实现开发项目要求的工期或进展目标。开发项目如果达不到预期工期目标，由此可能会延期交房，开发商可能为此而承担延期交房责任，对公司信誉和经济收益都会产生不利影响。

施工造价监理，其任务就是在合同价款（又称名义价）的基础上，控制工程施工阶段可能发生的新增工程费用，以达到对工程实际价的控制。开发项目从设计施工到最后竣工和交付使用，中间会受到许多因素的影响（如材料价格变动、工程项目增减、项目设计变更等），从而引起项目施工的实际造价变化。关键是要对变化了的施工造价的合理性进行确认和控制。也就是说施工造价监理不是控制工程合同价（名义价），而是控制工程的实际价。

7. 工程质量问题的表现形式多种多样，轻者如墙体开裂、墙面渗水、屋面、楼板渗水、漏水；重者如墙体倾斜、梁柱变形，甚至于建筑结构倒塌等。究其原因，可主要归纳为以下几点：

(1) 不按房地产开发项目建设程序进行施工。

房地产开发项目建设有其自身的规律和程序，如果不按其程序开发建设，开发项目质量就难以保证。如不作调查分析，就拍板定案；没有搞清工程地质、水文地质就仓促开工；边设计、边施工；无证设计、无图施工；任意修改设计，不按图纸施工；工程竣工不经验收就交付使用等。致使不少项目工程留有严重隐患，房屋倒塌事故也时有发生。

(2) 工程地质勘察原因。

未认真进行地质勘察，地基的容许承载力与受力层不符，地质勘察时钻孔间距太大不能全面反映地基的实际情况（如当基岩面起伏变化较大时，软土层厚薄相差亦甚大），地质勘察钻孔深度不够，没有查清地基下软弱土层、滑坡、墓穴、孔洞等地层特征，地质勘察报告不详细、不准确等，均会导致采用错误的基础方案，造成地基不均匀沉降、失稳，使上部结构及墙体开裂、破坏、倒塌。

(3) 未处理好不均匀地基。

对软弱土、冲填土、杂填土、湿陷性黄土、膨胀土、红黏土、岩层出露、溶洞、土洞等不均匀地基未进行处理或处理不当，均是导致重大质量事故的原因，必须根据不同地基的工程特性，从地基处理、设计措施、结构措施、防水措施、施工措施等方面综合考虑治理。

(4) 设计计算问题。

盲目套用图纸，结构方案不正确，计算简图与实际受力不符，荷载取值过小，内力分析有误，沉降缝设置不当，悬挑结构未进行抗倾覆验算等，都是诱发质量事故的隐患。

(5) 建筑材料及制品不合格。

钢筋物理力学性能不良，会使钢筋混凝土结构产生过大的裂缝或脆性破坏；水泥安定性不良，造成混凝土爆裂；水泥受潮、过期、结块，砂石粒径大小、级配、有害物含量、混凝土配合比、外加剂掺量等不符合要求时，会影响混凝土强度、和易性、密实性、抗渗性，导致混凝土结构强度不足、裂缝、渗漏、蜂窝、露筋等质量事故；预制构件断面尺寸不准，支承锚固长度不足，未可靠建立预应力值，钢筋漏放，板面开裂等，必然会出现断裂、垮塌等事故。

(6) 施工和管理问题。

许多工程质量事故，往往是由施工和管理不当所造成的。例如：

1) 不熟悉图纸，盲目施工；图纸未经会审，仓促施工；未经设计部门同意，擅自修改设计。

2) 不按图纸施工。如把铰接作为刚接，把简支梁做成连续梁，用光圆钢筋代替带肋钢筋等，致使结构裂缝破坏；挡土墙不按图设滤水层，留排水孔，致使压力增大，造成挡土墙倾覆。

3) 不按有关施工验收规范施工。如现浇结构不按规定位置和方法，任意留设施工缝,不按规定的强度拆除模板;砖砌体不按组砌形式砌筑。

4)不按有关操作规程施工。如用插入式振捣器捣实混凝土时,不按插点均布、快插慢拔、上下抽动、层层扣搭的操作方法,致使混凝土振捣不实,整体性差;又如,砖砌体上下通缝,灰浆不均匀饱满,不横平竖直等都是导致砖墙砖柱破坏、倒塌的主要原因。

5)缺乏基本结构知识,施工蛮干。如将混凝土预制梁倒放安装,将悬臂梁的受拉钢筋放在受压区;结构构件吊点绑扎不合理,不了解结构使用受力和吊装受力的状态;施工中在楼面超载堆放构件和材料等。均将对质量和安全造成严重的后果。

6)施工管理混乱、施工方案考虑不周、施工顺序错误,技术组织措施不当、技术交底不清、违章作业,不重视质量检查和验收工作等等,都是导致质量事故的祸根。

(7)自然条件影响。

建筑施工露天作业多,受自然条件影响大,温度、湿度、日照、雷电、洪水、大风暴雨等都能造成重大的质量事故,施工中应特别重视,采取有效措施加以预防。

(8)建筑结构使用问题。

建筑物使用不当,亦易造成事故。如不经校核验算就在原有建筑物上任意加层;使用荷载超过原设计的容许荷载;任意开槽、打洞、削弱承重结构的截面等。

3.1.3 案例的评析

本案所涉及的内容之一是关于房地产开发项目建设施工招投标方面的事项。

早在1993年,建设部就颁布了部长23号令,发布了《工程建设施工招标投标管理办法》。令中要求:"凡政府和公有制企、事业单位投资的新建、改建、扩建的技术改造工程项目的施工,除某些不适宜招标的特殊工程外,均应实行招标投标。"实行工程建设施工招标投标的目的,就是使建设单位和施工企业进入建筑市场进行公平交易、平等竞争,以达到控制建设工期、确保工程质量和提高投资效益的目的。在此基础上,2003年3月,由原国家发展计划委员会、建设部等七部委联合发布了《工程建设项目施工招标投标办法》(以下简称《办法》),自2003年5月1日起施行。

《办法》中规定:"任何单位和个人不得将依法必须进行招标的项目化整为零或者以其他任何方式规避招标。工程施工招标投标活动应当遵循公开、公平、公正和诚实信用的原则。"施工招标投标活动不受地区或者部门的限制。《办法》对招标人和投标人的各自条件作了规定,对招标和投标工作提出了要求。

按照《办法》规定,甲房地产开发有限公司作为投资开发建设商品房住宅小区的责任者和业主,享有下列权利:

(1)按照有关规定程序,有权组织招标活动。

(2)根据政府规定的资质标准,有权正当选择和确定投标单位。

(3) 根据有关评标原则和价格管理规定，有权选定中标价格和中标单位。

作为招标单位，甲房地产开发有限公司还应具备以下条件：

(1) 具有法人资格。

(2) 有与招标工程相适应的经济和技术管理人员。

(3) 有组织编制招标文件的能力。

(4) 有审查投标单位资质的能力。

(5) 有组织开标、评标、定标的能力。

如果甲房地产开发有限公司除了具有法人资格外，上述的其他条件不具备，则须委托具有相应资质的咨询、监理等单位代理招标。

甲公司在开发建设 B 行政区域商品住宅小区时，理应按照国家有关工程建设施工实行招标投标的规定，选择施工企业。但在实际运作时，或因老关系，相互比较熟悉，或因迫于 B 行政区域有关部门的压力，未能很好地执行工程建设施工招标投标的有关规定，违背了"施工招标投标应当坚持公开、公平、等价、有偿、讲求信用的原则"。也就是说甲公司如果因在 A 行政区域的开发项目施工合作关系比较好，而欲选择乙公司承担 B 行政区域商品房建设项目施工时，也应按邀请招标方式，对三个以上有承担该项工程施工能力的企业发出招标邀请书，而不能独此一家。而后，甲公司因考虑项目要顺利进行离不开 B 行政区域有关部门支持，为搞好关系把该项目发包给当地施工企业，也有不妥之处。一是，商品房住宅开发项目不属于不宜公开招标或邀请招标的特殊工程，难以用协议方式指定；二是，如果由 B 行政区域有关部门牵线搭桥指定丙公司，按议标进行，那么参加议标的单位一般不得少于两家。

综合以上分析，甲公司在选择开发项目建设施工单位时，未能按国家有关工程建设施工实行招标投标的规定执行，违背了公平交易、平等竞争等市场准则，不利于该开发项目的正常进行。

本案所涉及的内容之二是关于房屋建设工程质量方面的事项。

房屋是供人们从事生产、生活和社会活动的有组织的空间，是人类生存和发展必不可少的物质条件。房屋建设工程质量如何，关系到业主或使用人使用房屋是否安全、方便，关系到房屋能否为业主或使用人发挥最佳的使用功能和最大的利用价值。

为加强对房屋建设工程的管理，保证房屋建设工程的质量，国务院颁布了《建设工程质量管理条例》（以下简称《条例》）。该行政法规根据《中华人民共和国建筑法》对凡在中华人民共和国境内从事建设工程的新建、扩建、改建等有关活动及实施的建设工程质量监督管理作了相关规定，其主要内容有：

(1) 对建设单位的质量责任和义务所作的规定。

1) 在建设工程发包环节上：

①建设单位应当将工程发包给具有相应资质等级的单位。

②建设单位不得将建设工程肢解发包。

③建设工程发包单位不得迫使承包方以低于成本的价格竞标，不得故意压缩

合理工期。

2）在建设工程设计环节上：

①建设单位不得明示或者暗示设计单位或施工单位违反工程建设强制性标准，降低建设工程质量。

②建设单位应当将施工图设计文件报县级以上人民政府建设行政主管部门或者其他有关部门审查。

③施工图设计文件未经审查批准的，不得使用。

3）在建设工程施工环节上：

①建设单位在领取施工许可证或者开工报告前，应当按照国家有关规定办理工程质量监督手续。

②实施监理的建设工程，建设单位应当委托具有相应资质等级的工程监理单位进行监理。

③建设单位不得明示或者暗示施工单位使用不合格的建筑材料、建筑构配件和设备。

④涉及建筑主体和承重结构变动的装修工程，建设单位应当在施工前委托原设计单位或者具有相应资质等级的设计单位提出设计方案。没有设计方案的，不得施工。

⑤建设单位收到建设工程竣工报告后，应当组织设计、施工、工程监理等有关单位进行竣工验收。建设工程经验收合格的，方可交付使用。

4）在建设工程档案资料管理环节上：

建设单位应当严格按照国家有关档案管理的规定，及时收集、整理建设项目各环节的文件资料，建立、健全建设项目档案，并在建设工程竣工后，及时向建设行政主管部门或者其他有关部门移交建设项目档案。

(2) 对勘察、设计单位的质量责任和义务所作的规定。

1）从事建设工程勘察、设计的单位应当依法取得相应等级的资质证书，并在其资质等级许可的范围内承揽工程。

2）勘察、设计单位必须按照工程建设强制性标准进行勘察、设计，并对其质量负责。

3）注册建筑师、注册结构工程师等注册执业人员应当在设计文件上签字，对设计文件负责。

4）设计单位在设计文件中选用的建筑材料、建筑构配件和设备，应当注明规格、型号、性能等技术指标，其质量要求必须符合国家规定的标准。除有特殊要求外，设计单位不得指定生产厂商和供应商。

5）设计单位应当就审查合格的施工图设计文件向施工单位作出详细说明，对因设计造成的质量事故，提出相应的技术处理方案。

(3) 对施工单位的质量责任和义务所作的规定。

1）施工单位应当依法取得相应等级的资质证书，禁止施工单位超越本单位资质等级许可的业务范围承揽工程。不得转包或者违法分包工程。

2）施工单位对建设工程的施工质量负责，并应建立质量责任制，确定工程项目的项目经理、技术负责人和施工管理负责人。

3）施工单位必须按照工程设计图纸和施工技术标准施工，不得擅自修改工程设计，不得偷工减料。

4）施工单位必须建立、健全施工质量的检验制度，严格工序管理，做好隐蔽工程的质量检查和记录。

5）施工单位对施工中出现质量问题的建设工程或者竣工验收不合格的建设工程，应当负责返修。

6）施工单位应当建立、健全教育培训制度，未经教育培训或者考核不合格的人员，不得上岗作业。

（4）对工程监理单位的质量责任和义务所作的规定。

1）工程监理单位应当依法取得相应等级的资质证书，禁止超越本单位资质等级许可的范围，或者以其他工程监理单位的名义承担工程监理业务。

2）工程监理单位与被监理工程的施工承包单位以及建筑材料、建筑构配件和设备供应单位有隶属关系或者其他利害关系的，不得承担该项建设工程的监理业务。

3）工程监理单位应当依照法律、法规以及有关技术标准、设计文件和建设工程承包合同，代表建设单位对施工质量实施监理，并对施工质量承担监理责任。

4）未经监理工程师签字，建筑材料、建筑构配件和设备不得在工程上使用或者安装，施工单位不得进行下一道工序的施工。

（5）对建设工程质量的保修所作的规定。

1）建设工程实行质量保修制度。

2）建设工程竣工验收时，建设工程承包单位应当向建设单位出具质量保修书，并明确建设工程的保修范围、保修期限和保修责任。

3）在正常使用条件下，建设工程的最低保修期限为：

①基础和房屋主体结构工程，为设计文件规定的该工程的合理使用年限。

②屋面防水工程或有防水要求的卫生间、房间和外墙面的防渗漏，为5年。

③供热与供冷系统，为2个供暖期、供冷期。

④电气管线、给水排水管道、设备安装和装修工程，为2年。

⑤其他项目的保修期限由发包方与承包方约定。

4）建设工程的保修期自竣工验收合格之日起计算。

5）建设工程在保修范围和保修期限内发生质量问题的，施工单位应当履行保修义务，并对造成的损失承担赔偿责任。

（6）其他相关规定。

1）国家实行建设工程质量监督管理制度。县级以上地方人民政府建设行政主管部门和其他部门应当加强对有关建设工程质量的法律、法规和强制性标准执行情况的监督检查，并有权采取下列措施：

①要求被检查单位提供有关工程质量的文件和资料。

②进入被检查单位的施工现场进行检查。

③发现有影响工程质量问题时,责令改正。

2)建设工程发生质量事故,有关单位应当在24小时内向当地建设行政主管部门和其他部门报告。

3)如若未尽上述责任和义务,造成建设工程质量问题的,可以处以罚款、降低资质等级、吊销资质证书,直至依法追究刑事责任等处罚。

本案中,甲公司为赶销售旺季,要求丙公司压缩施工工期,属于不合理压缩工期的行为,违背了《条例》规定的建设单位的质量责任和义务。

丙公司为赶工期,将部分工程转包给其他施工单位,违反了《条例》规定的施工单位的质量责任和义务,也容易给施工质量管理造成盲区,留下隐患。为赶工期,违反了相关施工程序和强制性标准(如现浇钢筋混凝土梁板等构件,未达到技术标准规定的养护日期和强度,不得拆除模板;因雨后屋面潮湿,不宜进入屋面防水层的施工程序,不然,屋面构件的潮气无法挥发,被压缩在防水层与屋面板之间,容易造成防水层膨胀,从而影响防水效果等)造成工程质量问题。

为此,丙公司应承担相应的工程质量责任。

任务 4

房地产交易法规应用

案例 4.1

某房地产开发有限公司开发建设 30 万平方米的商品房住宅小区，其中有 1 万平方米的公建配套用房和地下车库，整个小区分二期建设。2003 年 3 月起先进行 15 万平方米的一期工程建设。当建设工程量完成 25% 时，开发公司委托××房地产销售公司进行商品房预售，双方为此签订了委托销售合同。销售公司为了尽早完成商品房预售，公司营销人员对该一期商品房住宅项目进行了营销策划和包装。在其发布的广告词中除了介绍该项目的基本情况和有关卖点之外，还使用了该楼盘具有一定的投资价值和未来数年内投资回报率可达到 35% 之类的销售用语。

客户甲看了销售代理公司刊登的销售广告后，前去售楼处了解该楼盘的有关情况，售楼业务员 A 接待了甲。因商品房尚在建造中，客户甲无法真实了解商品房和周边实景情况，只能听业务员 A 凭借小区沙盘模型和售楼说明书作介绍。客户甲对某幢楼底楼的一套二室二厅住宅比较中意，因为沙盘模型展示和业务员介绍，该套房屋正前方是一片草地和树林。经洽谈，双方签订了由开发商制定的《商品房预售合同》。不久，一期商品房基本预售完毕。

一期工程如期竣工。当客户甲前来办理入住手续时，发现原来的房前草地不远处变成小区生活垃圾堆放房，客户甲认为这违反了合同约定，要求退房。

2004 年 2 月，二期工程开工，当二期工程基础工程量完成 75% 时（即已达二期建设工程总投资 20%），开发商面对火爆的房地产市场，要求销售代理商尽早将房屋进行预售。销售商在着手准备二期商品房预售时，客户乙经朋友介绍，找到销售代理公司销售部经理 B，要求预购二室一厅商品房一套。B 知道二期《商品房预售许可证》还未获得，理应不该预售，但考虑到是朋友所托，再说申领《商品房预售许可证》已在准备之中，于是便与客户乙签订了商品房预售合同。

2 个月后，二期商品房预售被批准，客户丙与销售代理商签订了《商品房预售合同》。合同言明，开发商 2005 年 2 月底前将房屋交付给丙，而丙应在合同签订之日时，向开发商首付总房价的 30% 房款，并支付定金 3 万元。余款分别于 6 个月和交付房屋时各支付房款价的 30% 和 40%。

6 个月后，丙按合同约定按时将第二笔房款支付给开发商，开发商则向客户丙出具了收款票据。双方均按合同约定履行了各自的职责和义务。

至 2005 年 1 月，客户丙收到开发商邮寄来的终止合同的通知。理由是：由于××原因，二期商品房建设工程无法正常进行，因此无法按合同约定如期将房屋交付给客户，开发商对此感到很抱歉，很无奈。为此，要求客户丙于通知发出后的 1 个月内到公司来办理退房手续，除了如数退还已交付的房款外，公司还愿双倍返还定金，并按预付房价的 5% 支付利息，并另外按房价的 5% 支付赔偿金。通知还告知客户丙，如果到期不来公司办理退房手续，视为客户放弃权利，合同自然终止，房价 5% 的赔偿金不再支付。客户丙虽不满开发商终止合同的做法，但又担心一旦不去办理退房手续，房价 5% 的赔偿金也将失去，为此客户丙左右为难。

4.1.1 问题的提出

1. 商品房预售应具备哪些条件？
2. 房地产开发企业预售商品房应按哪些程序操作？
3. 商品房预（销）售广告应符合哪些要求？
4. 代理预（销）售商品房应具备哪些条件？
5. 商品房预（销）售合同应使用哪一种合同？其应包括哪些主要条款？
6. 客户甲要求退房的理由成立吗？
7. 客户乙预购商品房的条件成立吗？
8. 开发商终止与客户丙预售合同的做法对吗？
9. 客户在预购商品房时应如何维权？

4.1.2 问题的解答

1. 商品房预售是指房地产开发经营企业将正在建设中的房屋预先出售给承购人，由承购人支付定金或房价款的行为。

房地产开发企业从事商品房开发建设，从获得土地使用权到商品房建成，须经过一系列的过程。为防止虚假开发和炒卖土地等行为，也为了保护承购人的利益和保证正常的房地产开发活动，1994 年 7 月，八届人大八次会议通过的《中华人民共和国城市房地产管理法》，对预售商品房的条件作了明确的规定，商品房预售，应当符合以下条件：

（1）已交付全部土地使用权出让金，取得土地使用权证书。

（2）持有建设工程规划许可证。

（3）按提供预售的商品房计算，投入开发建设的资金达到工程建设总投资的25%以上，并已经确定施工进度和竣工交付日期。

（4）向县级以上人民政府房地产管理部门办理预售登记，取得商品房预售许可证明。

（5）商品房预售人应当按照目录有关规定，将预售合同报县级以上人民政府房地产管理部门和土地管理部门登记备案。商品房预售所得款项，必须用于有关的工程建设。

上述商品房预售条件的规定，是为了保证商品房预售人必须是依法取得土地使用权的人；预售的商品房必须是合法建筑；建设活动必须合法有序；所得款项必须用于与预售商品房开发建设有关的活动。所有这些必须接受政府有关管理部门的监管。

2.《城市商品房预售管理办法》规定：商品房预售实行预售许可证制度，未取得《商品房预售许可证》的，不得进行商品房预售。

房地产开发企业预售商品房程序：

（1）要取得《商品房预售许可证》。取得此证，房地产开发企业应当持下列资料或证件向开发项目所在地的城市、县房地产管理部门办理预售登记。

1）已交付全部土地使用权出让金，取得土地使用权证书；

2）持有建设工程规划许可证和施工许可证；

3）按提供预售的商品房计算，投入开发建设的资金达到工程建设总投资的25%以上，并已经确定施工进度和竣工交付日期；

4）开发企业的《营业执照》和资质等级证书；

5）工程施工合同；

6）商品房预售方案（预售方案应当说明商品房的位置、装修标准、竣工交付日期、预售总面积、交付使用后的物业管理等内容，并应当附商品房预售总平面图、分层平面图）。

依据上述资料及对现场进行查勘，经审查合格的，由房地产管理部门核发《商品房预售许可证》。

（2）向预购人出示《商品房预售许可证》。

（3）与预购人签订《商品房预售合同》。

（4）自签约之日起30日内持《商品房预售合同》向所在地、县级以上人民政府房地产管理部门办理登记备案手续。

3.1996年12月，国家工商行政管理局发布了第71号令——《房地产广告发布暂行规定》（以下简称《规定》）。《规定》针对房地产开发经营活动中的房地产开发企业利用广告发布诱导客户购房、美化楼盘真实性、修正楼盘位置等情况，对房地产广告发布作出了如下规定：

（1）房地产广告必须真实、合法、科学、准确，符合社会主义精神文明建设要求，不得欺骗和误导公众。

（2）不符合工程质量标准、经验收不合格的、权属有争议的、未取得预售许可证的房地产，不得发布广告。

（3）房地产广告不得含有风水、占卜等封建迷信内容，对项目情况进行的说明、渲染，不得有悖社会良好风尚。

（4）房地产广告中不得含有升值或者投资回报的承诺。

（5）房地产广告中表现项目位置的，应以从该项目到达某具体参照物的现有交通干道的实际距离表示，不得以所需时间来表示距离。项目位置示意图，应当准确、清楚，比例恰当。

（6）房地产广告中不得利用其他项目的形象、环境作为本项目的效果。

（7）房地产广告中不得含有广告主能够为入住者办理户口、就业、升学等事项的承诺。

（8）房地产广告中涉及的交通、商业、文化教育设施及其他市政条件等，如果是在规划或建设中的，应当在广告中注明。

如有违反上述规定的，依照《中华人民共和国广告法》（以下简称《广告法》）有关条款处罚，《广告法》无具体处罚规定的，由广告监督管理机关责令停止发布，并可对违法行为人处以三万元以下的罚款。

2007年9月，国家工商行政管理总局、中国银行业监督管理委员会、国家广播电影电视总局、新闻出版总署又联合发出通知，要求加强对涉嫌非法集资活动广告的审查和管理力度，房地产销售、项目开发等招商广告，不得涉及投资回报、收益、集资或者变相集资等内容。

4. 1994年11月，建设部发布的《城市商品房预售管理办法》第十条规定："商品房预售可以委托代理人办理，但必须有书面委托书。"1998年，建设部房产司发布了《关于加强商品房销售管理的通知》，就进一步做好商品房销售管理工作作了如下规定：

商品房销售单位必须是具有独立企业法人资格，并取得房地产开发主管部门核发的资质证书的房地产开发企业。项目公司销售商品房的必须经房地产开发主管部门核准。

就代理销售商而言，如果房地产开发企业委托房地产中介服务机构进行商品房预售或销售的，房地产开发企业应当向房地产中介服务机构出具委托书。同时，受委托的房地产中介服务机构必须取得相应的资格。预（销）售时，还应取得商品房预（销）售许可证，并向购房方出示。两者之间的关系维系和受托房地产中介服务机构权限，由房地产开发企业的委托明确载明；房地产开发企业要对房地产中介服务机构的销售行为承担责任。

5. 商品房预（销）售，应当签订书面的销售合同，房地产开发企业不得使用强制性的格式合同，而应当使用建设部和工商总局推广使用的《商品房买卖合同示范文本》（以下简称《示范文本》）。《示范文本》包括了以下应当明确的几项主要条款：

（1）用地依据、商品房坐落位置、商品房交付使用期限。

（2）使用面积、付款方式、付款时间。

（3）使用面积、建筑面积（其中实得建筑面积、公用分摊面积应分别标明）。

（4）商品房的销售方式（预售或现房销售）。

（5）商品房屋的产权性质、产权登记约定的期限和有关方的责任。

（6）发生设计变更的约定。

（7）关于商品房屋装饰、设备标准、房屋质量的承诺和责任。

（8）物业管理方式及售后保修、维修责任。

（9）合同约定面积与实得面积发生差异的处理方式。

（10）违约责任。

《示范文本》虽属于格式合同，但比较于一般的格式合同或格式条款（即当事人为了重复使用而预先拟订，并在订立合同时未与对方协商的条款），其优点除了可以节省时间、降低交易成本外，还能防止和限制制定格式合同的一方（房地产开发商）利用其优势地位，制定不利于另一方（购房客户）的条款。

《合同法》对格式条款作了规定：采取格式条款订立合同的，提供格式条款的一方应当遵循公平原则确定当事人之间的权利和义务，并采取合理的方式提请对方注意免除或者限制其责任的条款。

房地产开发商在提供的格式条款中如有免除其责任、加重对方责任、排除对方主要权利的，该条款无效。

6. 客户甲要求退房的理由是否成立，这要看房地产开发企业执行合同时是否存有违约行为和过错。

就房地产开发商而言，在商品房预售阶段，对其预售的楼盘进行适当的包装和推销并无过错。就客户而言，对预售的楼盘进行比较和挑选这也是他的一种权利。问题是卖者的包装和推销与买者的期望和要求是否用文字在合同中予以记载。如果客户甲把售楼书说明、广告内容以及业务员介绍的"该套房屋正前方是一片草地和树林"等内容约定为合同的附件时，如果交房时出现生活垃圾堆放固定设施，则属开发企业执行合同违约；如果双方没有对此进行约定，客户甲则不能追究开发企业违约，因为"生活垃圾堆放设施属住宅小区公共设施的一个组成部分，不属开发企业不当得利"。

就本案而言，合同双方并未就"草地、树林、生活垃圾设施位置"等作出约定，因而，客户甲要求退房的理由不成立。

7. 客户乙预购商品房的条件不成立。按国家有关商品房预售相关法规政策规定，商品房预售必须取得相关管理部门发放的《商品房预售许可证》，而申请《商品房预售许可证》时，必须符合一系列的预售条件，其中包括"投入开发建设的资金已达工程建设总投资的25%以上"。就本案介绍的情况分析看，二期工程的建设资金投入还未达到规定的要求，不符合预售条件。客户已与开发商签订的《商品房预售合同》不成立，双方的预售行为不受法律保护。

8. 房地产开发企业终止与客户丙的合同关系的做法是错误的。客户丙与房地产开发企业签订了《商品房预售合同》并按合同约定向房地产开发企业支付了购房首付款和第二笔购房款,房地产开发企业也向客户出具了收款票据,双方也均按合同的约定履行了各自的职责和义务,这些说明客户丙没有过错。

房地产开发企业之所以要终止合同,其根本原因在于房市火爆,房价飙升,欲通过违约退房来获取更多的收益。

表面上看,房地产开发企业已主动认错,并愿意承担违约责任,除了退还预付款和双倍定金外,还愿按预购房价的5%支付赔偿金,这看似诚恳和合理,而实质是给预购人施压并谋求更大的利益。

对此,客户丙完全可以不予理会。即使房地产开发商真的"因××原因不能按期正常交房",客户丙除了可以按合同约定追究开发商违约责任以外,还可以要求开发商按合同约定实际履行。至于"到期不来公司办理退房手续,视为客户放弃权利"之类规定,纯属霸王条款和免除己责、排除对方主要权利的格式条款,违反了商品房预(销)售管理以及《合同法》的有关规定。客户丙对此可以不予理会。

9. 客户预购商品房时应当从以下几方面注意维权:

(1) 审视预售人的预售条件,如商品房预售人是否取得《商品房预售许可证》;如为代理销售的,代理商是否有资质,开发企业是否出具委托书。

(2) 如果对预售楼盘的广告和售楼说明书介绍的内容感到满意的,则可在签订《商品房预售合同》时,把广告和售楼说明书约定为合同的附件,以此保障自己的权利。

(3) 签订《商品房预售合同》时,尽量选用建设部推广的《商品房买卖合同示范文本》,如还有未尽事宜,可在合同附件中另行加以约定。

(4) 签订合同后应到房地产管理部门进行商品房预售合同的预告登记,以保障将来实现物权。

《物权法》规定:"不动产的设立、变更、转让和消灭,经依法登记发生效力;未经登记不发生效力。"预告登记后,未经预告登记的权利人同意,处分该不动产的,不发生物权效力。也就是说,本案中的预售合同经过预告登记,开发企业如未经客户丙的同意,就不得将已预售给丙的商品房另行处理,否则就属无效和违法。

4.1.3 案例的评析

本案反映了房地产开发企业在商品房预(销)售方面常见的一些问题。

(1) 在前期的商品房预(销)售广告宣传环节上,有不实之词。

为了促销和打开市场,房地产开发企业常借助于广告和其他营销手段来发布拟销售或正在销售的楼盘信息和有关资料,以引起购房者注意,以便影响购房者决策。由于房地产这种商品价值量大,专业性强,且具有不可移动性,对于多数人来说,对房地产的认识时常停留在表面(如房型、面积、总价等)。房地产开发或其代理销售机构常利用购房者的认识盲点,做一些夸大其词的宣传来推销其开发的房屋。本案所反映的售楼广告词中的"具有一定的投资价值,回报率达到35%,邻近于××中心等",都带有不当引导或误导购房者的意图。

对照原国家工商行政管理局发布的《房地产广告发布暂行规定》，本案广告所发布的内容和用语明显有错。按国家有关规定："房地产广告用词应严谨、规范，不得加入虚假内容。凡广告承诺的内容，必须严格遵守。"

（2）预售行为不规范。

1）未取得《商品房预售许可证》而进行商品房的预售。

建设部颁布的《城市商品房预售管理办法》中规定："商品房预售实行许可制度。房地产开发企业进行商品房预售，应当向房地产管理部门申请预售许可，取得《商品房预售许可证》后方可预售。"

本案中的房地产开发企业在二期工程还未达到申领《商品房预售许可证》条件的情况下，擅自对外预售，这一预售行为严重违反了国家有关规定，理应受到有关管理部门处罚。

2）签订由房地产开发企业自行拟订的《商品房预售合同》。

自2000年起，建设部和国家工商行政管理总局要求在商品房预售时，应当使用由上述二部局推广的《商品房买卖合同示范文本》，房地产开发企业不得使用强制性的格式合同。

本案中在与客户甲签订商品房预售合同时，使用了房地产开发企业自行拟订的商品房买卖合同，有悖于国家有关规定，不利于当事人合法权益的保护，容易造成合同缺款少项和当事人意思表示不真实、不确切，而出现显失公平和违法条款。

之所以发生客户甲要求退房的合同纠纷，在一定程度上反映了房地产开发企业在预售商品房时的行为不规范。

3）房地产开发企业在预售合同执行期间，不负责任的单方面提出变更和终止合同。

合同是买卖双方当事人就各自权利和义务的一种约定，任何一方在未征得另一方许可前不得擅自变更和终止合同（法律另有规定除外）。

本案中房地产开发企业在火爆的房地产市场环境下，为了追逐更多的利益，竟不顾诚信和法律责任，单方面要求购房者解除商品房预售合同，并对购房者施加压力。这些行为既违反了国家有关法律法规政策规定，也违背了房地产开发企业应遵守行业行规和公平交易的市场准则，同时也有悖于职业道德。

（3）从业人员素养存在问题。

房地产销售和相关人员应具有一定的职业道德素养，对客户讲诚信，对工作尽责任。而本案所涉及的房地产营销人员，在房地产销售过程中，缺乏职业素养，有悖于职业道德。表现在：营销阶段夸大其词，未能真实地向购房者提供楼盘的有关信息；销售阶段不按规定程序申领《商品房预售许可证》和签订预售合同；交房使用阶段，违反诚信原则，单方面提出终止合同等。

这些均反映了从该企业的高层领导到具体营销人员均存在法制观念淡薄，缺乏职业道德约束，容易在利益面前迷失自我的问题。因此，难以创立良好的企业品牌，到头来受损失的往往是企业自身。

通过本案分析，我们得到一个启示——房地产开发企业在产品销售过程中要创立企业品牌，拓展市场，实现企业效益，应从提高企业人员素质着手，遵守市场法则和国家规定，规范运作。

案例4.2

2005年初，某市一家房地产开发企业开发建设了一个高档商住两用商品房项目。至2005年底时，该项目已初具规模，正准备对外预售。此时，该市市民秦某看中了该项目沿街面的底楼商铺一间，拟想预购。秦某在与开发商的销售人员接洽中了解到，此商品房开发项目预售手续正在办理中，如果秦某想要购买商铺，可先与开发商签订一份商品房预订协议，并先支付定金1万元。秦某无异议，便与开发商的销售部门按照商品房销售合同的主要内容要求签订预订协议，支付了订金1万元。协议约定："开发商以22.8万元的价格出售该店面给秦某，秦某先应分三次付清65%房款，至2006年10月交房前，再付清全部余款，并办理交易登记过户手续。"随后，秦某分三次向开发商交付了购房款14.8万元。2006年5月，开发商取得了《商品房预售许可证》。此时，随着该市场商铺商品房价格的不断上涨，该房地产开发商想以更高的价格出售商铺，于是又与王某签订了房地产买卖协议，将秦某所预购的商铺以26.6万元的价格卖给王某。协议签订后，王某先向开发商支付购房款13.3万元。

不久，秦某发现自己购买的商铺店面已被开发商出售给了他人，便向开发商进行交涉，要求开发商继续履行协议。而开发商则以签订预订协议时还未取得《商品房预售许可证》为由，认定该协议无效，并表示预订协议无法继续履行，同时退还房款14.8万元和订金1万元。秦某无法接受开发商不履行协议的理由，在数次与开发商交涉无果的情况下，秦某在该开发项目行将竣工交付使用时，向该市人民法院提起诉讼，要求开发商继续履行购房协议，王某作为第三人参加诉讼并要求开发商承担违约责任。

4.2.1 问题的提出

1. 对房屋所有权的确认，我国实行了怎样的制度？
2. 购房者在房屋交易过程中应如何保护自己的权益，以防房产商一房二售？
3. 开发商与秦某、王某的购房协议有效吗？
4. 房地产权属登记应如何办理？
5. 秦某购买商品房应缴纳哪些税和费？秦某如果要将其购买的房屋转让，又要缴纳哪些税费？
6. 如果秦某申请公积金贷款，应办理哪些手续？

4.2.2 问题的解答

1. 《物权法》第十条规定："国家对不动产实行统一登记制度。不动产物权的设立、变更、转让和消灭，经依法登记，发生效力。"

房屋属于不动产范畴，房屋所有权的获得和变化，也须经依法登记，方发生效力。此外，《城市房屋权属登记管理办法》第四条还规定："国家实行房屋所有权登记发证制度。"实行房屋权属登记是国家依法管理房地产所确定的一项基本制度，其目的是为了加强我国的房地产权属管理，维护房地产市场秩序，保障房地产权利人的合法权益。在我国《宪法》、《民法通则》、《城市房地产管理法》、《物权法》以及相关的法律、法规政策中，均有对房屋所有权和土地使用权实施管理以及对公民的房屋等合法财产给予法律保护的规定。这些都为房地产权属实行统一登记制度提供了法律依据。

房屋所有权可以通过多种方式获得（例如，依法取得土地使用权而得到该地块上的原有房屋或新建房屋的所有权；通过房地产的买卖、交换、赠与等也同样可以取得房屋所有权），房地产权利人要使所取得的房屋所有权得到法律保护，一定要经国家有关管理部门的房地产权利登记和发证来实现。

2. 房地产商品是大宗商品，一般人倾其一生收入也难有几次交易机会，因此对购房者而言，因其不常参与房地产交易活动而对房地产的交易比较陌生，所以一旦参与交易活动，常处在弱势地位。而房地产开发商，则以房屋建造、房地产交易为他们工作的主项，而且既有专业人士操持，又掌握着一定量的市场信息和销售行情，所以在房屋销售过程中常处在主导和强势地位。商品房买卖过程中，房地产开发商一旦施一些小计谋，购房者的权益很容易受到侵害。

购房者在房地产交易中要维护自己的权益，应把握好合同签订关和权属交易登记关。

合同签订关，是指将当事人双方权利和义务以及标的物的状况、合同执行期限、违约责任等商品房买卖合同主要条款准确无误地加以约定。

权属交易登记关，是指把当事人的约定和标的物的归属权从法律角度加以确认。购房者一旦与开发商签订商品房预（销）售合同，并按规定办理预告登记或转移登记，不管开发商将该房屋出售几次，经登记的购房者权益都会得到保护；也就是说，购房者如果购买了已被开发商出售了的房屋，在办理预告或转移登记时，就会被房地产交易登记管理部门予以限制，一房二售的情况容易被发现。如果发生一房二售的情况，如甲就同一处房屋，先后与乙、丙二人签订房屋买卖合同，并与丙办理了房屋所有权转移登记手续，则丙可以合法取得该房屋，取得所有权。而乙只是基于合同产生了请求甲转移房屋所有权的债权，乙的债权不能对抗丙的所有权。丙可以得到该房屋，而乙只能要求甲承担违约责任。因为物权优先于债权。

3. 秦某与开发商签订的购房协议合法有效。

虽然当事人双方签订购房协议时，开发商还未取得《商品房预售许可证》，也没有按规定办理登记备案手续，但是双方签订的预订协议中已具有商品房买卖合同的主要内容，并且开发商已按约定收受购房款。根据2003年的《最高人民法院关于审理商品房买卖合同纠纷案中适用法律若干问题解释》（以下简称《解释》）

相关规定:"出卖人未取得商品房预售许可证明,与买受人订立的商品房预售合同,应当认定无效,但是在起诉前取得商品房预售许可证明的,可以认定有效。"另一方面,"商品房的认购、订购、预订等协议具备《商品房销售管理办法》规定的商品房买卖合同的主要内容,并且出卖人已经按照约定收受购房款的,该协议应当认定为商品房买卖合同。""当事人以商品房预售合同未按照法律、行政法规规定办理登记手续为由,请求确认合同无效的,不予支持。"

本案情况符合上述规定,双方交易应受到法律保护,所以秦某与开发商签订的购房协议合法有效。

王某与开发商的交易损害了秦某的利益,根据我国《合同法》的相关规定,恶意损害他人利益为目的的合同无效,因此,王某与开发商的购房协议无效。

根据《解释》的相关规定,出卖人订立商品房买卖合同时,有故意隐瞒所售房屋已经出卖给第三人的情形,导致合同无效或者被撤销、解除的,买受人可以请求返还已付购房款及利息,赔偿损失,并可以请求出卖人承担不超过已付购房款1倍的赔偿责任。为此,王某可以依据相关法规的规定,来维护自己的合法权益,要求房地产开发商承担自己因买卖合同无效而遭受到的损失。

4. 房地产权属登记,是指房地产行政主管部门代表政府对房屋所有权和土地使用权以及由上述权利产生的抵押权、典权等房屋他项权利进行登记,并依法确认房屋权属和土地使用权归属关系的行为。

建设部负责全国的房屋权属登记管理工作,直辖市、市、县人民政府房地产行政主管部门负责本行政区域内的房屋权属登记管理工作。土地使用权登记因各地行政建制不同,归属管理部门也有所不同,在此不作详解。

按所处的阶段不同,房屋权属登记可以分为房屋初始登记、房屋转移登记、房屋变更登记、房屋他项权利登记和房屋预告登记等;按房屋权属所含权利分离状况的不同,房屋权属登记又可分为房屋租赁登记、房屋抵押登记和房屋设典登记。

在实际操作中,由于各地行政管理体制有所不同,所以在房屋权属登记的具体要求方面也有所不同。一般而言,房屋权属登记应按如下程序进行办理:

(1)由房屋权利人(申请人)向房地产权属登记管理部门提出登记申请,并提交登记所需的相应资料和文件。

权利人(申请人)为法人、其他组织的,应当使用其法定名称,由其法定代表人申请。

权利人(申请人)为自然人的,应当使用其身份证上的姓名。

共有的房屋,由共有人共同申请。

房屋他项权利登记,由权利人和他项权利人共同申请。

申请时所提供的材料通常包括:申请人的登记申请书,申请人(当事人、权利人)的身份证明,申请登记的房地产权证或相关文件,证明房地产权属登记的相关证明和文件等。

(2)房屋登记管理部门按照本行政区域的管理要求受理登记申请。

（3）核准登记，颁发房屋权属证书。

如果登记机关认为有必要进行公告登记的，则还要增设公告程序。

至于自事实发生之日多长时间内提出相关登记申请，以及受理申请之日起多少天内完成审核登记发证，应根据当地政策规定来要求。

《城市房屋权属登记管理办法》规定，权利人（申请人）可以委托代理人申请房屋权属登记。就本案而言，秦某可以持本人身份证、商品房买卖合同、房屋交付使用证明、购房发票以及房屋所有权转移登记申请书等，到房地产登记管理部门申请房屋权属转移登记，也可以委托开发商代理申请房屋权属转移登记。

5. 房地产买卖当事人应按有关规定缴纳税和费。

秦某作为买受人（购房者），必须缴纳契税、印花税和交易手续费。其税率、费率是多少，视所购买的房屋类别不同而有所区别。此外，不同时期和不同地区在执行国家基本税率、费率基础上，根据本地区的经济发展情况会作相应调整。以上海市为例，应缴纳的税费标准如下：

（1）契税。

个人购买普通住宅，契税为1.5%；

个人购买花园住宅、非普通住房及非居住房屋和单位购买存量房，契税为3%。

（2）合同印花税。

商品房买卖，由受让人按合同的0.03%缴纳；

存量房买卖，由买卖双方按合同标的的0.05%缴纳。

（3）交易手续费。

新建商品住房转让为3元/㎡，由转让方支付；

存量住房转让为5元/㎡，由买卖双方各承担5%；

新建非居住商品房，由买卖双方各按房价的0.08%支付；

存量非居住房屋，由买受人按房价的0.5%支付。

如果秦某要将其购买的商品房转让他人，那么秦某作为存量房的出售人，应缴纳营业税、个人所得税、土地增值税、印花税和交易手续费等。其中个人所得税和土地增值税是否征收，视房屋出售时是否有增值而定。

（1）营业税。

为稳定房价，国务院有关部委于2005年和2006年先后两次联合发文，关于做好稳定住房价格意见的通知，其中规定个人购买住房不足一定年限转手交易的按其取得的售房收入金额征收营业税，超过一定年限的，属个人购买普通住宅转手交易的，按其售房收入减去购买房屋的价款后的差额征收营业税。按2006年九部委联合发布的《关于调整住房供应结构稳定住房价格的意见》精神，以上所述的一定年限定为5年（含5年）。随着我国经济形势的发展和变化，国务院办公厅于2008年12月又发布了《关于促进房地产市场健康发展的若干意见》中，"将现行个人购买普通住房超过5年（含5年）转让免征营业税，改为超过2年（含2年）转让免征营业税；将个人购买普通住房不足2年转让的，由按其转让收入全额征收营业税,改为按其转让收入减去购买住房原价的差额征收营业税。"

(2)土地增值税。

除花园住宅外,个人出售存量住房的,免征土地增值税;个人出售花园住宅、非居住房屋和单位出售存量房,应按规定缴纳土地增值税。税率有30%、40%、50%、60%,实行四级超率累进税率。

(3)个人所得税。

个人转让住房,以其转让收入额减除财产原值和合理费用(住宅装修费用、住房贷款利息、手续费、公证费等)后的余额为应纳税所得额,税率2%。

如果纳税人不能提供完整、准确的房屋原值凭证,不能正确计算房屋原值和应纳税额的,税务机构按规定实行核定征税。其中对纳税人转让普通住房及自建住房、经济适用房、已购公有住房和城镇拆迁安置住房的,以转让收入的1%核定应纳个人所得税额;对纳税人转让非普通住房的,以转让收入的2%核定应纳个人所得税额。

(4)印花税:见前文所述。

(5)交易手续费:见前文所述。

6. 个人购房如需办理公积金贷款,通常需要按以下四大步骤进行:

(1)到当地住房公积金管理中心提出借款申请。借款人持购建房屋合同或协议(购买商售房许可证复印件;建房、修房的须持政府土地规划管理部门的批准文件)、身份证、住房公积金储蓄磁卡、印章到各市区县的公积金管理中心申请住房公积金贷款。使用夫妻双方住房公积金贷款的,还须携带结婚证或其他夫妻关系证明,填写《个人住房公积金贷款申请书》。贷款银行根据借款人的申请,考核借款人是否符合贷款条件,计算贷款额度,确定贷款期限。

(2)签订借款合同。当地公积金管理中心(或委托银行)审核批准借款人的申请后,借款人与公积金管理中心签订借款合同的抵押合同。

(3)办理住房抵押的需办理房产抵押公证。届时,需要带好房产证(及土地证)、身份证、结婚证、户口簿和复印件一式五份,办理公证和房屋他项权证有关手续。

(4)借款人用房产抵押的办理完抵押手续后,连同借款合同、抵押合同(质押合同)、房屋他项权证或抵押权证明书等借款资料交公积金管理中心。届时,公积金管理中心将委托中国建设银行房信部门按时把款项打入借款人的个人账户。

(5)除了有一般房屋买卖发生的费用外,还有如下费用。

1)评估费:购房总价的0.2%~0.5%。

2)保险费:购房总价×0.1%×50%。

3)公证费:贷款额×0.03%。

4)抵押登记费:100元。

(注:根据国务院办公厅发布《关于促进房地产市场健康发展的若干意见》精神,上海市人民政府发文于2009年1月起至12月31日止,对上述所述的有关税费标准,作了适当的调整)

4.2.3 案例的评析

1. 房地产权属管理

对房地产这一不动产的权属管理，我国实行的是统一登记制度。当事人买卖（包括交换、抵押等）房屋只是一种债的关系和效力，即当事人在法律上只能得到债权的保护，而不能得到物权的保护。只有将房屋买卖关系履行了权属登记手续后，房屋受让人或他项权利的权利人的房屋所有权或房屋他项权利才能成立。房地产登记机构对权利人的登记申请进行实质性审查，在核准登记并发给权利人权属证书以后，权利人才可以凭房地产权证行使房地产权利。

房地产开发商在获得土地使用权并经规划和城市建设管理部门批准后，可以从事商品房项目开发和建设。但开发商未经房地产初始登记前，只拥有土地使用权，而不拥有房屋所有权。从这个意义上说，房地产开发商还不具有转让房屋的权利。但基于我国目前房地产开发的实际情况，国家相关法律和政策允许房地产开发商在一定的条件下可办理商品房预售申请，获得《商品房预售许可证》可以出售还未形成物权的房屋（即所谓的预售商品房），并办理登记备案或预告登记手续，这为保障商品房预购人获得将来物权提供法律保障。如果房地产开发商违背上述规定，预售商品房就属违法行为，房地产开发商的权利不但不受法律保护，而且房地产管理等有关部门还可以依据相关法律和规定对其进行处罚。

本案中，房地产开发商在尚未获得《商品房预售许可证》的情况下，以预订形式向秦某出售商品房，并收取房款，其行为属于违法违规行为。类似于这类违法违规行为，在全国各地的房地产开发中时有发生。当预售的房屋出现价格上涨的趋势时，开发商以未取得《商品房预售许可证》为由，对其所预订房屋的协议认定无效，退还预收款和订金而转售他人或一房多售，以获取更多的收益；而当购买人发现其所购的房屋并不像预订时所说的房屋或房屋存在瑕疵而要求退房时，房地产开发商又会以购房人违反预订协议为由，扣留订金，使购房者遭受损失，由此引发的纠纷时有所闻。

为了维护房地产市场正常秩序，保护当事人的合法权益，减少纠纷发生，中华人民共和国最高人民法院于 2003 年 3 月在最高人民法院审判委员会第 1267 次会议上通过了《最高人民法院关于审理商品房买卖合同纠纷适用法律若干问题的解释》，对商品房买卖合同和房屋权属作了如下相关规定。

第二条规定：出卖人未取得商品房预售许可证明，与买受人订立商品房预售合同，应当认定无效，但是在起诉前取得商品房预售许可证明的，可以认定有效。

第五条规定：商品房的认购、订购、预订等协议具备《商品房销售管理办法》所规定的商品房买卖合同的主要内容（如当事人名称或者姓名和住所，商品房基本状况，商品房价款、付款方式、付款时间，交付使用条件及日期，面积差异的处理方式，解决争议的方法，违约责任等）并且出卖人已经按照约定收受购房款的，该协议应当认定为商品房买卖合同。

第六条规定：当事人以商品房预售合同未按照法律、行政法规规定办理登记备案手续为由，请求确认合同无效的，不予支持。

第十条规定：买受人以出卖人与第三人恶意串通，另行订立商品房买卖合同并将房屋交付使用，导致其无法取得房屋为由，请求确认出卖人与第三人订立的商品房买卖合同无效的，应予以支持。

房地产销售专业性强，情况错综复杂，参与交易的当事人如能把握住房屋权属管理要点，购房人的房屋权利就能得到保障。

就尚未建成的房屋销售，购房人应了解出售人是否取得了《商品房预售许可证》；就已建成的房屋销售，应了解出售人是否办理了新建商品房初始登记，领取了房地产权证（又称"大产证"）。

取得上述二证，表明房地产开发商已依法办理登记或相关手续，获得合法的房地产权利，有资格出售房屋。对购房者来讲，可以购买合法的房地产商品，购房后经依法办理房地产权属登记手续，获得房地产权证，从法律意义上讲，才成为真正的房地产权利人。

2. 房地产交易程序和交易手续办理

比较于一般的商品交易，房地产商品交易具有价值量大，交易时间长，影响因素多，交易手续办理比较复杂等特点。如果除去交易房屋的个别因素，其一般的交易程序有以下几个环节：

（1）交易双方当事人或代理人就交易标的成交条件进行洽谈，如果双方合意，签订交易协议，约定有关事项，明确双方的权利和义务。

（2）持交易合同以及相关证明文件和资料，至房屋所在地的房地产交易管理部门（或受理中心）提交交易申请书。交易管理部门按规定初审提交的材料是否符合要求。如若不符则退还申请书及相关材料；如若符合，则受理申请，并出具受理凭证。

（3）交易管理部门依据有关规定，对申请资料的真实性、完整性进行审核。如果正常则核准，制作房地产权证或登记备案，出具备案证明；反之则退还。

（4）按规定缴纳交易税费。

（5）发放房地产权证或备案证明。

就本案而言，秦某未与房地产开发商就预购商品房登记备案或预告登记（是保全将来发生房地产权利而进行的一种登记）一事进行商议，也未前往房地产交易管理部门办理登记手续（这不利于他对房屋物权的保护）。如果王某捷足先登办理了登记备案或预告手续，并经房地产交易管理部门受理和核准，那么秦某将丧失其对预购商品房所拥有的权利，最多只能依债权来追究开发商的责任。

无论是预售商品房买卖（包括新建商品房买卖），还是存量房屋的转让，当事人双方都应从维护自己的权益出发，到房屋所在地的房地产交易管理部门办理相关交易登记手续，因为这是国家对房地产权属管理的要求，也是维护自己权利的需要。

3. 房地产交易税费政策

房地产税费由国家税法和税务政策规定的税和地方政府主管部门规定的费所组成。

在我国房地产发展进程中，房地产交易中应缴纳的税费种类没有多大变化，如购房人应缴纳契税、印花税和交易手续费等；出售人应缴纳所得税、土地增值税、营业税、印花税和交易手续费等。但在不同的历史时期以及不同的市场和经济环境下，应缴纳的税费、费率时有变化。此外，不同的地区在遵照国家规定的税费政策的前提下，也会结合本地区具体的经济发展状况和条件对税费、费率作相应调整，故本案回避了当事人应缴纳多少税费的问题。

案例 4.3

甲房地产开发有限公司于2000年1月起开发建造了商住大楼一幢。2002年3月建成后便向外售租。其中个人独资企业乙租用了该楼底层近300平方米的商铺用作经营。甲乙双方签订了房屋租赁合同，合同约定了租金标准、租期期限（至2005年2月）、未经甲方同意乙方不得转租商铺等条款。至2002年10月，甲拟将出租予乙的房屋出售，并将此情况告知了乙。乙明确表示将放弃购买此房屋的权利，甲便把该房出售给了丙。数月后，甲丙双方签订了《商品房买卖合同》，并按规定进行了房屋交易登记手续。事成后，丙了解到乙已将部分商铺转租给了他人，为此，丙要求乙增加租金，不然将终止租赁合同。乙则认为：自己的公司是与甲签订的房屋租赁合同，与丙不存在租赁关系，合同规定的房屋租金标准和交付等只与甲发生关系，因此拒绝了丙的要求。丙拟通过法律诉讼程序解决此事。后在甲的调解下，乙丙双方同意结束租赁关系。丙收回房屋后又重新进行了装修，拟重新出租。

2003年3月，全国发生了"非典"疫情，商铺租赁价格暴跌，丙把该套商铺以每天每平方米0.8元的价格出租给了丁，双方约定：租期为3年（2003.6～2006.5），每季末支付租金。如果到了付款期限，最迟不得迟付5天，否则，第6天就解除合同。到了2004年下半年，房屋租赁价格与2003年相比，上涨很多。2004年12月末，丁欲付房租，可无法找到房东丙。第6天时，丙出现了，并要求丁如期解除房屋租赁合同，为此丙丁双方发生纠纷。

4.3.1 问题的提出

1. 房屋租赁是属于房地产交易吗？
2. 出租的房屋能否出售？
3. 房屋租赁合同应具备哪些主要内容？
4. 房屋租赁合同应注意哪些环节？
5. 出租的房屋能否转租？
6. 租赁双方各有哪些权利和义务？
7. 房屋租赁应具备哪些条件？

8. 在哪些情况下，房屋租赁当事人可以变更或者解除合同？

4.3.2 问题的解答

1. 房屋租赁是属于房地产交易的一种方式。根据《中华人民共和国城市房地产管理法》第二条规定："本法所称房地产交易，包括房地产转让、房地产抵押和房屋租赁。"

随着我国城市化进程的不断发展，一方面大量的农村人口逐年向城市迁移，另一方面城市之间的人口也不断地发生流动。因为迁徙和流动人口对房屋的中短期需求量逐年上升，所以房屋租赁市场逐渐成为城市房地产发展的一个重要组成部分。为了规范全国房屋租赁市场，规范房屋租赁工作，1995年5月建设部发布了《城市房屋租赁管理办法》，这对加强城市房屋租赁管理、维护房地产市场秩序、保障房屋租赁当事人的合法权益，起到了制度保障和积极的作用。

2. 出租了房屋只是影响了出租房屋的所有权人对房屋的占有权和使用权的权利行使，但并没有影响到对收益权和处分权的权利行使。因此，房屋出租后，房东（即房屋所有权人）可以依法把房屋进行出售和转让。但其前提条件是房屋出租人如要出售已出租的房屋，应当在出售前3个月把拟出售房屋的情况事先通知承租人，承租人在同等的条件下有优先购买权。这一规定是为了保障房屋承租人的知情权以及优先权等合法权利。如果房屋承租人放弃优先购买权，其房屋租赁合同中出租人的权利和义务由受让人承接，原房屋租赁合同在合约期内继续有效。如果受让方与房屋承租人需要对原合同进行变更，应当由双方重新约定。

3. 房屋租赁合同应当具备两方面内容。一是租赁客体（即房屋）的有关情况，如房屋的坐落、面积、层次、成新以及设备设施配备和装修等情况；二是租赁主体（即租赁双方当事人）的权利和义务规定以及法律责任的约定等。一般而言，一份比较规范的房屋租赁合同应当具备以下一些主要条款：

（1）双方当事人的姓名（或名称）以及联系地址和电话。
（2）房屋坐落、面积、层次、设备设施配置和装修状况。
（3）房屋租赁用途和租赁期限。
（4）房屋租赁金额、交付期限和方式。
（5）房屋修缮责任确定和返还状况约定。
（6）租赁合约的变更和解除条件以及房屋转租的约定。
（7）违反合约的责任约定以及解决纠纷的方式和途径。
（8）当事人需要另行约定的其他条款等。

4. 与房屋买卖相比，房屋租赁具有使用期短、使用成本多次支付、租金价格受多种条件影响等特点。为了防范房屋租赁风险，减少纠纷发生，明确当事人的责任，在建立房屋租赁关系时，应注意以下几个环节：

（1）在签订房屋租赁合同前，双方应审核查验对方的身份。

出租人应查验承租人的身份等情况，包括其来自于何地、与身份证对比是否一致、来本地因何原因而租房、租房是为何种用途、有无支付租金能力等。

承租人应审核出租人的业主身份,包括查看房地产权证记载的业主姓名、房屋地址、面积大小以及室内装修装饰、设备设施配置等信息,如果需要更具有权威性的了解,可以到该房屋所在地的房地产交易中心,凭个人身份证调查该房屋权属状况等信息,并核查业主身份证件与出租人是否一致。

如果签订合同的不是房屋的产权人,则可能存在代理关系或者转租关系。若存在代理关系的,则需要业主本人委托代理人的授权委托书原件;若存在转租关系的,则需要业主本人同意转租的书面证明文件原件。如能将文件资料原件经过公证,则可避免假冒业主、骗取租金的情况出现。

(2) 明确租赁期限。

租赁双方应当对起租日期以及租期届满日期作出明确的约定,避免使用模糊的语言,最好明确到具体的年、月、日。对于出现特别约定租期或者灵活租期等情形的,必须约定清楚何为固定租期,固定租期内的违约责任;何为灵活租期,灵活租期内哪一方哪一种情形下可以灵活解约及承担相应解约责任等详细内容。

(3) 租金和押金支付方式。

房租应怎样交付?是"他"找"我"来取款,还是"我"找"他"去付款?这个细节问题也不应忽视。支付租金,作为承租人的主要义务,在合同中必须明确约定清楚每期租金的支付时间和方式以及逾期未支付的违约责任。

押金主要用于抵充承租人应当承租但未交付的费用。押金应支付多少,应当按照租期长短、装修程度、家具家电数量和价值等因素来确定。押金数额越高,对出租人的保障性越强。无论支付租金还是押金,若通过银行划账方式支付的,最好直接划入业主本人名下的账户,并留执好相关划款凭证,以此进一步控制资金风险。

(4) 家电设施约定清楚。

签订租赁合同时,对于家具、家电等附属设施、设备应当抄写清楚,避免退房时发生争议,并且对于这些附属设施设备的维修义务也应明确约定。一般情况下,因自然原因引起的功能减弱和正常使用而产生的损坏,应当由出租人承担维修义务,并承担相应费用;但因承租人不当使用造成的损坏,应当由承租人承担维修义务,并承担相应费用。

(5) 水电费负担清晰。

首先,在交房时,就应当将水、电、电话、燃气等使用情况记录在房屋交接书中,并且当场与业主结清上述费用及物业管理费。

其次,租赁合同中应当明确约定租赁期间的水、电、电话、燃气等使用费及物业管理费由谁承担,以及承租方式。一般情况下,水、电、电话、燃气等使用费由承租人承担,并按单据及时向有关企业支付,物业管理费可双方约定,并按期支付给物业公司。

(6) 违约责任要注意。

租赁合同中必须要明确约定违约责任,应当根据不同的违约情形,约定不同的违约责任。比如,若出租人逾期交付房屋,或者租期结束承租人逾期退租的,可以按每日高于租金标准收取违约金；若出租人擅自收回房屋，或者承租人擅自退租的，可约定一次性承担较高的违约金，也可以约定支付未使用租期的租金作为违约金样；若承租人没有按期支付房租的，也需要承担逾期支付的违约责任。值得注意的是，违约责任需要对等公平，若有明显不公平的，应当建议改正。

（7）对于房屋租赁合同的签订、变更或终止，当事人应当向房屋所在地的房地产管理部门或有关管理部门登记备案。

房屋租赁法律关系显现的是租赁双方当事人通过对房屋这一不动产的利用而产生的权利和义务的一种法律关系。通过房屋租赁登记备案来维护自身利益，从出租人角度可以防止不动产被承租人恶意利用和转让；从承租人角度，可以对抗第三人，以减少因市场租金、价格变动而给自身带来利益损失。

申请房屋租赁登记备案时应提交书面租赁合同、房屋所有权证书以及双方当事人的合法身份证件等资料。

5. 根据《城市房屋租赁管理办法》规定："承租人在租赁合同期限内，征得出租人同意，可以将承租房屋的部分或全部转租给他人。"但是，转租的终止期限不得超过原租赁合同的规定，转租双方的权利和义务，应按原租赁合同规定执行。

6. 房屋租赁中出租人的权利和义务有：

（1）出租人有权按照约定向承租人收取租金。

（2）出租人有权要求承租人合理使用房屋。

（3）出租人应当按合同约定的条件向承租人交付房屋。

（4）除另有约定外，出租人交付的房屋应保证承租人正常使用。

（5）如出租前该房屋存在抵押或其他所有权限制，出租人应当事先书面告知承租人。

（6）在租赁期间，出租人应当定期对房屋进行日常维修和养护。

（7）除非合同约定，出租人不得提前收回房屋。

房屋租赁中承租人的权利和义务有：

（1）承租人有权按合同约定合理使用房屋。

（2）租赁合同约定可以转租的，承租人有权转租。

（3）承租人使用房屋获得的收益归承租人所有，但合同另有约定的除外。

（4）承租人应当按合同约定用途合理使用房屋，并遵守房屋使用和物业管理的有关规定。

（5）房屋承租人应按约支付租金。

（6）承租人使用房屋所发生的水、电、燃气、通信等费用，由承租人承担，合同另有约定的除外。

（7）承租人应当遵守国家与地方的法律法规，不得利用房屋从事非法活动。

（8）承租人因使用不当造成房屋损坏的应当承担修复及赔偿责任。

（9）非经出租人书面同意，承租人不得改变房屋结构。

7. 出租的房屋应具备以下一些基本条件：

（1）要满足承租人的住用安全。也就是说出租的房屋要符合安全标准，符合公安、消防、卫生环保等主管部门的有关规定。有些城市出现了将一套房屋分隔成若干个小间进行"群租"等现象，这给房屋住用安全带来了极大的隐患。

（2）不动产归属要明晰，房屋权属要清晰。如已抵押的房屋，未经抵押权人同意不得出租；共有房屋应征得其他共有人的同意；出租的房屋应取得房屋所有权证，没有权属争议等情况。

（3）出租的房屋应按房屋权证上记载的用途或规划等管理部门批准的用途使用。同时，还应符合房屋所在地城市人民政府规定的租赁政策。

8. 因多种因素可以影响房屋租赁关系。如房屋拆迁、自然灾害对房屋的损坏等因素使得房屋租赁关系的客体消失，从而可以依法变更或终止房屋租赁合同。再比如，由于承租人的生活、工作发生迁徙变动，或因承租人的正常收入发生变化，或因出租人要提前收回房屋，改作他用等情况，使得房屋租赁关系的主体发生变化，需要变更或终止房屋租赁合同。也就是说房屋租赁关系是一种常处于变化中的合同关系。为了保护房屋租赁当事人的合法权益，《城市房屋租赁管理办法》规定了符合如下情形之一的，房屋租赁当事人可以变更或者解除房屋租赁合同：

（1）符合法律规定或者合同约定可以变更或解除合同条款的。
（2）因不可抗力致使租赁合同不能继续履行的。
（3）当事人协商一致的。

因变更或者解除房屋租赁合同使一方当事人遭受损失的，除依法可以免除责任的以外，应当由责任方负责赔偿。

4.3.3 案例的评析

本案把房屋租赁方面所发生的一些常见问题作了一个概括。

房地产开发企业生产出的房屋或是卖、或是租（包括企业内部租用）、或是先租后卖。买卖和租赁之间是互不相干的两种独立的交易行为？还是有一种互联关系？本案中开发商在法律许可条件下将已租赁的房屋进行出售，说明房屋的买卖和租赁在同一时间段内是可以互容的。即，已出租的房屋可以买卖，买卖中的房屋可以存有租赁。甲将已出租的房屋进行出售，符合法律规定，是一种合法的经营行为。问题是，甲应如何操作此房屋交易？谁有优先购买权呢？按有关政策规定，将已出租的房屋进行出售，出租人（也是出售人）应当提前3个月将出售事项告知承租人，承租人在同等的条件下有优先购买权。本案中甲遵循了这一规定，只是承租人乙放弃了优先购买权。

丙与甲签订了房屋买卖合同，为此甲在与乙签订的房屋租赁合同中所享有的权利和应承担的义务，一并由丙替代。甲、乙双方的各种约定，在租赁合同内依然有效。乙违反合同约定，未经甲同意将部分商铺转租，丙有权予以追究；而丙提出增加租金的要求，也没有合同依据，乙有权予以回绝。原甲、乙双方的房屋租赁合同，不因出租人的变更而有所变化。原合同继续有效，任何一方不得擅自变更合同。如需变更，只能由双方（乙与丙）协商解决。乙所谓"本公司是与甲签订的租赁合同，与丙方不存在租赁关系"的理由是不成立的。

本案在甲的调解下，乙丙双方经协商解除房屋租赁合同，是一种正常处理租赁双方纠纷的行为。

丙与丁的纠纷问题，主要是由于双方在签订租赁合同时对有关条款约定不清造成的。即所谓的"到了付款期限，最迟不得迟付5天，否则，第6天就解除合同"的约定中，并未明确究竟应该是谁找谁付（取）款。由于房屋租赁市场存在多种变数，如果对相关条款约定不清，就容易造成今后的纠纷。

就本案而言，因没有约定由房客丁主动找房东丙缴付租金，或房东丙主动向房客丁收取租金，房东丙才会因房屋市场租金看涨而采取恶意回避的手法，迫使房客丁违反合同约定而解除合同。对此，房客丁可以采取把房屋租金"存放"到公证处，等找到房东丙，再由公证处转缴的办法应对。这样，丙再怎么"蒸发"，也不会损害丁的利益。

案例 4.4

2004年3月，丁某拟购买某地住房一套，既作为改善家庭住房条件之需，也作为儿子将来成婚之用。他在盘点购房款时，发现购房资金尚有一部分缺额。于是丁某便向好友王某借款求助。王某念在两人多年的交情上，愿借10万元给丁某作为购房之用，但条件是丁某把他现居住的房屋抵押给自己。丁某接受了王某的条件，双方签订了房屋抵押合同，抵押期限是3年。至2004年6月，丁某拟购楼盘正式对外预售时，房价比3月份时宣传预期价格上涨了20%，丁某考虑到购房后还要装修和添置设施等因素，觉得手中资金又有些短缺。无奈之下，丁某隐瞒了房屋抵押过的情况，又把原住房抵押给了银行，以获取所缺差额的购房贷款15万元。丁某与银行分别签订了贷款和房屋抵押合同，抵押期限为5年，并到房地产交易管理部门办理了房屋抵押合同登记手续。

2年后，丁某所就业的企业进行了产业结构调整和企业机制改革，丁某被买断工龄，回家待业。丁某与妻子商量拟自筹资金开设一家小商铺经营小百货买卖。但在注册资金和租借店铺等问题上又遇到资金短缺的困难。于是丁某拟把原住房出售，并委托当地一家房地产经纪公司挂牌转让。1个月后，客户沈某对丁某挂牌转让的房屋颇感兴趣，在房地产经纪公司的撮合下，丁沈双方达成了房屋买卖意向，签订了房屋买卖合同。双方在办理房地产交易过户手续时，被告知此房屋买卖合同无效，丁沈双方感到不解，认为买卖房屋是双方自愿的，为什么不能办理过户手续呢？

4.4.1 问题的提出

1. 什么是房地产抵押？
2. 房地产抵押有哪些法律属性？
3. 房地产抵押可分为哪些类型？

4. 只要是房地产都能用来抵押吗？
5. 房地产抵押权实现的方式有哪几种？
6. 房地产抵押人一旦不履行债务，其抵押的房地产应如何清偿？

4.4.2 问题的解答

1. 房地产抵押是指抵押人以其合法的房地产以不转移占有方式向抵押权人提供债务履行担保，债务人不履行债务时，债权人（即抵押权人）有权依法以抵押的房地产拍卖所得的价款优先受偿的交易行为。

该交易行为中的抵押人是将房地产提供给抵押权人作为本人或第三人履行担保的法人、其他经纪组织或者公民，其在债务关系中是债务人或担保人；抵押权人则是接受房地产抵押作为债务人履行债务担保的公民、法人或者其他组织，其在债务关系中是债权人。

2. 房地产抵押属于担保法律制度中的物的担保，其抵押物是特定的不动产，具有以下法律特征：

（1）抵押的主体——抵押人，必须是依法对房地产享有所有权或土地使用权的人。

（2）抵押的客体——房屋和该房屋占用范围内的土地使用权，应当是经登记的合法不动产，抵押时两者一并抵押。

（3）房地产抵押权具有从属性，它与所担保的债权形成主从关系。即：房地产抵押权不单独存在，它随主债权的设立、变更、消失而作相应的变化。

（4）房地产抵押人保留对房地产的占有权，他可以实际控制和使用该房地产，但在抵押期间内不得擅自处分抵押的房地产。

（5）房地产抵押权的追溯性。也就是说，在抵押人把抵押的房地产转让于他人时，房地产抵押权人仍可以对抵押的房地产行使抵押权。

（6）房地产抵押权的优先受偿性。即负有主债务一方不履行抵押合同义务时，房地产抵押权人可以直接行使房地产抵押权，不需靠债务人的行为即可实现其权利。即从依法拍卖抵押的房地产价款中优先得到受偿。

3. 房地产抵押从不同角度可以作不同的分类。

按房地产抵押用途可分为：房地产开发项目抵押（用于房地产开发建设筹资）、商品房抵押和职工住房抵押（用于商品房购置和职工住房抵押贷款）以及其他项目抵押（用于其他商业化信用、合同担保等用途）。

按设立抵押的房地产所有权性质不同可分为：房地产产权抵押、房地产期权抵押以及有限产权房地产抵押（如划拨土地使用权的房地产、以成本价购买的公有住房等）。

4. 并不是所有的房地产都能用作抵押。我国《城市房屋抵押管理办法》和《物权法》中对抵押的房地产界定都有明确的规定。

（1）抵押的房屋（包括土地使用权）必须具有合法性，必须是法律法规允许的。抵押人不得把不属于自己的或非法占有的房地产作为抵押物，也不得将法律法规禁止强制执行的房地产作为担保抵押物。违章搭建的房屋以及未取得房地产权证的房屋更不得作为抵押物。

（2）合法的房地产设立抵押权还必须通过合法的方式才有效。即房地产设立抵押权，必须依法通过抵押当事人订立书面抵押合同的方式完成。订立抵押合同的当事人必须有合法资格，抵押合同内容必须符合我国法律法规和政策规定，双方当事人的意思表示必须真实。

（3）属于下列情形之一的房地产不得抵押：

1）土地所有权。

2）宅基地等集体所有的土地使用权。

3）学校、医院、政府机关等以公益为目的的事业单位房地产。

4）所有权、使用权不明或者有争议的房地产。

5）依法被查封、扣押、监管或者以其他形式限制的房地产。

6）法律、行政法规规定不得抵押的其他房地产。

（4）属于共有的房地产设立抵押权，必须经全体共有人同意；以已出租的房屋设立抵押权的，抵押人应当将已出租的情况告知抵押权人。

5. 房地产抵押权实现的方式主要有三种。

（1）折价。也就是债务履行期届满，债务人不能履行债务的，抵押权人与抵押人协议，参照市场价格确定一定的价款，把抵押物的所有权由抵押人转移给抵押权人，从而使债权得以实现。如果双方所确定的转移抵押物所有权的价款高于被担保的债权时，超出的部分要归抵押人所有。

（2）拍卖。拍卖是以公开竞争的方法把标的物卖给出价最高的买者。拍卖又分为自愿拍卖或者强制拍卖两种。自愿拍卖是出卖人与拍卖机构（拍卖行）订立委托合同，委托拍卖机构拍卖。强制拍卖是债务人的财产基于某些法定的原因而由司法机关如人民法院强制性拍卖。抵押权人可以申请人民法院拍卖抵押房地产，但不应自行变卖抵押房地产，否则将有可能损害抵押人的利益。

（3）变卖。抵押权人与抵押人还可协议以变卖的方式实现抵押权。变卖方式不如拍卖能够体现抵押物的价值。但是由于我国拍卖机构为数不多，另外有些抵押物也可能拍卖不出去，客观上需要变卖这一方式。为了保障变卖的价格公正，变卖抵押物应当参照市场价格。

6. 房地产抵押人不履行到期债务或者发生当事人约定的实现抵押权的情形，抵押权人可以与抵押人协议，以抵押的房地产折价或者以拍卖、变卖该抵押的房地产所得的价款优先受偿。如果双方未达成协议的，抵押权人可以请求人民法院拍卖、变卖抵押的房地产。

抵押的房地产折价、拍卖、变卖后，其价款超过债权数额的部分归抵押人所有。如果像本案一样，同一房地产向两个以上债权人抵押的，拍卖、变卖抵押房地产所得的价款依照下列规定清偿：

（1）抵押权已登记的先于未登记的受偿。按照《物权法》的规定：不动产物权的设立、变更、转让和消灭，经依法登记，发生效力；未经登记，不发生效力，只能按照合同法等相关法律进行处理。这表明了抵押权优先于普通债权。

(2) 抵押权已登记的，按照登记的先后顺序清偿；顺序相同的，按照债权比例清偿。这一清偿规定表明了时间优先原则。

(3) 抵押权未登记的，按照债权比例清偿。未经登记的房地产抵押权，不受物权法保护，但可依据合同法等相关法律法规，按普通债权保护规定进行处置清偿。

值得注意的是，建设用地使用权抵押后，该土地上新增的建筑物不属于抵押财产。该建设用地使用权实现抵押权时，应当将该土地上新增的建筑物与建设用地使用权一并处分，但新增建筑物所得的价款，抵押权人无权优先受偿。

4.4.3 案例的评析

丁某用自己居住的房屋先后向好友王某以及银行进行抵押，以获取借贷款，说明丁某已与王某和银行分别建立了一种抵押关系。抵押人丁某如在抵押期间内不能到期清偿债务，那么抵押权人王某和银行可以就丁某的抵押物——房屋，按法律规定进行处分，并享有优先受偿权。

丁某先后两次将自住房进行抵押，属于房屋抵押和再抵押行为。《城市房地产抵押管理办法》第九条规定："同一房地产设定两个以上抵押权的，抵押人应当将已设立过的抵押情况告知抵押权人。"而本案中的丁某，在与银行建立抵押关系时，未能把已抵押的情况告知银行，未能履行法定的告知义务，属于违规和不诚信行为，理应承担相应的法律责任。

丁某在房屋抵押期间，欲把已抵押的房屋进行转让，应执行《物权法》第一百九十一条的规定："抵押期间，抵押人未经抵押权人同意，不得转让抵押财产。"也就是说：丁某要转让他已抵押的房屋，须征得抵押权人的同意。否则，丁某不得转让已抵押的房屋。本案中的丁某未经抵押权人王某和银行的同意，就委托房地产经纪公司挂牌出售已抵押的房屋，显然也是违规的。

如果丁某到期未能清偿债务，抵押权人王某或银行可以与丁某协议以抵押的房屋折价或者以拍卖、变卖该房屋所得的价款优先受偿；如果协议损害其他债权人利益（银行或王某）的，其他债权人可以在知道或者应当知道撤销事由之日起一年内请求人民法院撤销该协议。抵押权人（王某或银行）与丁某就抵押权实现方式达成协议的，抵押权人可以请求人民法院拍卖、变卖该抵押的房屋。

就本案情况而言，如果丁某到期未能履行债务清偿，王某和银行可依法要求拍卖、变卖抵押房屋的价款获得清偿，但债权受偿先后顺序有所不同。按《物权法》第一百九十九条规定："抵押权已登记的先于未登记的受偿。"本案中的王某尽管在抵押时间方面早于银行，但银行与丁某的房屋抵押合同办理了房屋抵押合同登记。因此在债权受偿方面，银行要优先于王某。如果王某与丁某也办理过房屋抵押合同登记，两者则按登记先后顺序受偿。如果登记顺序亦相同，则按债权比例清偿。

本案中的抵押权人王某，只念与丁某是好友，而忽略了办理抵押登记手续，一旦到时不能清偿债务，王某的合法权益很难得到保护。

房地产经纪公司在接受客户委托售房时，理应认真审核客户拟转让房屋的权属状况是否清晰等情况。就本案而言，该房地产经纪公司显然忽略了对房屋权属状况的审核和了解，以至于将丁某已设立抵押权的房屋，在未取得抵押权人同意的情况下，撮合交易。此行为违反了房地产经纪人应当遵守法律规定和社会公德等义务。

如果本案中的沈某非常中意丁某的房屋，并希望交易，那么解决问题的方法是：征得抵押权人王某和银行的同意或由受让人沈某代丁某清偿债务，消灭抵押权，而后由沈某和丁某按双方的约定方式转让该房屋。

任务 5

房地产中介服务法规应用

案例 5.1

张先生在某市某一家研究所工作，平时忙于工作无暇关心和顾及自己家庭居室条件的改善。转眼他女儿即将小学毕业，将升至初中读书。张先生和他妻子有些着急了，为了能让女儿进一所理想的中学读书，他们想在该中学附近买一套居住条件尚可，但建筑面积要稍大一点的住房。至于房价，稍高一些也能接受。为此，张先生夫妇俩利用了几个双休日到该学校附近去寻找理想中的房源，但由于可供选择的房屋信息量有限，且又不懂得房地产专业业务，所以收效甚微。后有单位同事提示："为何不找一家房地产中介公司，请他们为你作专业指导去买心仪的房屋。"张先生接受了同事的指点，通过翻阅广告和网上查询，找到了该市一家具有较好声誉和品牌效应的××房地产中介服务公司，公司业务员小马接待了张先生夫妇俩。

双方在各自作了自我介绍后，张先生向小马询问了诸如"购房能否给女儿就读理想中的学校提供方便？学校附近的房屋是否会被动迁？购房后，房地产证上的权利人如何确定为好？该区域房价与其他地区房价比较是高还是低？像自己这样的家庭收入，购房选择哪一种贷款方式更为有利？自己现住的房屋如果出售，大概能以何种价格出售？是先购后售有利，还是先售后购有利？因为自己以前不曾买卖过房屋，具体经办房屋买卖手续和程序不熟悉，中介公司能否代办房屋买卖有关事宜？"等问题。小马就张先生夫妇所提的问题从专业角度和房地产法规、政策规范以及本公司经营业务专长等方面一一作了解答。

5.1.1 问题的提出

1. 张先生夫妇向业务员小马所提的问题，包含了哪些房地产中介业务？
2. 房地产中介服务机构应当具备哪些条件？
3. 房地产咨询内容通常分为哪些方面？
4. 房地产价格评估和房地产价格咨询主要区别是什么？
5. 房地产经纪基本业务有哪些？各有何法律特征（点）？

5.1.2 问题的解答

1. 张先生夫妇所提的问题均属房地产中介服务范畴，它包含了房地产中介服务的基本业务，即房地产咨询、房地产价格评估和房地产经纪业务。一般而言，相应的业务由对应的房地产中介服务机构来操办。

按照《中华人民共和国城市房地产管理法》第五十六条规定：房地产中介服务机构包括房地产咨询机构、房地产价格评估机构、房地产经纪机构等。

按照建设部第50号令解释：房地产咨询，是指为房地产活动当事人提供法律法规、政策、信息、技术等方面服务的经营活动。

房地产价格评估，是指对房地产进行测算，评定其经济价值和价格的经营活动。

房地产经纪，是指为委托人提供房地产信息和居间代理业务的经营活动。

2. 《中华人民共和国城市房地产管理法》第五十七条规定，房地产中介服务机构应当具备下列条件：

（1）有自己的名称和组织机构；
（2）有固定的服务场所；
（3）有必要的财产和经费；
（4）有足够数量的专业人员；
（5）法律、行政法规规定的其他条件。

此外，设立的房地产中介服务机构，应当向当地工商行政管理部门申请设立登记。

3. 房地产咨询内容可以涉及房地产的方方面面，通常可以分为房地产投资咨询、房地产价格咨询和房地产法律咨询。

就房地产投资咨询而言，随着国家经济的快速发展和人民生活水平的不断提高，房地产投资已经成为广大投资者为获取高额利润和资产保值增值的重要投资方式。但是由于房地产商品的特殊性，房地产投资具有投资成本高、回收期长、风险大和所需专业知识面广等一些特点，这使得一些非房地产专业的投资者较难自主介入房地产投资活动。这就需要通过熟悉房地产投资各方面环节的、又具有丰富房地产专业知识和市场经验的房地产中介服务机构人员，为这些投资者提供科学、合理的投资建议和方案。

房地产投资咨询又通常分为房地产经营投资咨询和房地产置业投资咨询。

房地产经营投资主要是指投资人通过投资经营活动（如开发、买卖或租赁房地产等形式）来获得盈利。对于这一类型的投资咨询服务，最常见的是提供房地产开发项目的可行性研究报告。

房地产置业投资主要是指投资者通过购置房地产，供出租经营，以获取租金收益和未来房地产的增值。对于这一类的投资咨询服务，房地产中介服务机构人员要把握市场的供需关系变化和房产功效以及房产区位优势等因素对房地产未来产租能力的影响，为投资者赢得未来利益。

就房地产价格咨询而言，由于世界上不存在两个完全相同的房地产，因此房地产的价格难以标准化和一致性。为此，房地产投资人或参与者，对房地产的交易价格往往难以把握，这就需要房地产咨询服务机构和人员从房地产价格形成和运行机制及未来价格变动趋势等方向，对房地产市场价格进行研究，为投资人或房地产交易参与者提供借鉴性的参考价格。

就房地产法律咨询而言，房地产中介服务机构就房地产交易的相关法律关系、房地产权利归属、交易合同等文书订立书写、房地产交易手续办理等法律政策问题，从法律咨询角度提供解答和审查。

4. 房地产价格评估和房地产价格咨询的相同点在于两者都要遵循房地产估价的基本原则，都要遵守房地产估价的技术规范和基本操作程序。但两者在为客户提供中介服务时的侧重点有所不同，由此形成了房地产价格评估与房地产价格咨询之间的区别。

区别之一：房地产估价结果是否要强调公正性？

在《房地产估价师注册管理办法》和房地产估价相关行政规章和政策文件中，都要求房地产估价师在房地产价格评估业务中站在中间立场上，"保证估价结果的客观公正"。也就是说要强调房地产估价结果的公正性和具有鉴证性。而房地产价格咨询不强调房地产估价结果的公正性。房地产价格咨询服务人员可以站在委托人的立场上，在合法的原则下来满足委托人的要求，以实现其最大的利益。

区别之二：房地产估价结果是否一定为一个确定数值？

房地产价格评估通过房地产估价专业人员，依据基本事项（如估价对象的实体类型、产权状况、估价时点等），运用估价基本原理和方法，经过技术测定和运算，最后得出一个确定的估价数值。而房地产价格咨询，其估价的结果并不一定是一个确切的估价数值，而往往是一个价格区间，这可以为委托人作决策提供更灵活的价格参考依据。

区别之三：房地产估价结果是否只有一个？

房地产价格评估就某一评估对象在一定的时期和条件下，运用一定的评估方法，其估价结果往往只有一个。而房地产价格咨询可以就某一评估对象，依据委托人的不同意愿和要求，提供几个估价结果（如委托人想近期成交的，可提供现时价格，想在未来某一时段成交的，则提供未来可能的价格）。

5. 房地产经纪基本业务可分为居间经纪业务和代理经纪业务。随着居间或代理的对象和类型不同，又可作不同的分类。从房地产所处的市场类型分，可分为土地居间或代理经纪业务、新建商品房居间或代理经纪业务和二手房居间或代理经纪业务；从房地产经纪活动所促成的房地产交易类型分，可分为房地产转让居间或代理经纪业务、房地产租赁居间或代理经纪业务和房地产抵押居间或代理经纪业务。

房地产居间是指房地产经纪人向委托人报告订立房地产交易合同的机会或提供订立房地产交易合同的媒介服务，并收取委托人佣金的行为。

房地产居间经纪业务的主要法律特征是：房地产经纪人是中间人，他既不能以一方的名义，也不能以自己的名义与第三人订立合同，也就是说房地产经纪人只能居中间而介绍，促成双方交易成功。为此，在房地产居间经纪活动中，房地产经纪人可以向房地产交易的相对两方同时提供居间服务，并可以向交易双方收取佣金，但佣金之和不能超过所在地区规定的佣金标准。

房地产代理是指房地产经纪人在委托人的授权范围内，提供的以委托人的名义与第三人进行房地产交易的服务，并收取委托人佣金的行为。

房地产代理业务的主要法律特征是：房地产经纪人在开展房地产代理业务时，只能向房地产交易相对两方中的一方提供代理服务，并只能在受委托的权限范围内从事房地产经纪活动。

5.1.3 案例的评析

张先生夫妇是众多购房者中的一员，他们的购房过程反映了房屋买卖是一件慎重而又复杂的生活和投资事项，非房地产专业人员一般很难理清房地产投资或消费中的各种关系，也难以驾驭房地产买卖操作。

房地产买卖当事人的目的不同，其所关心的问题也有所不同。张先生夫妇是为能使女儿升迁至一所理想的中学而购房，为此他们可以接受价格稍高一些的房屋；为使女儿能有一个良好和宽敞的学习场所，所以要求买居住条件稍好、建筑面积稍大的房屋。但由于张先生从事的是非房地产专业方面的工作，对房地产方面的相关政策不了解，对房地产交易信息掌握度比较弱，对房地产交易程序和办理手续知之甚少，所以在考虑买卖房屋时，疑惑很多，很需要有人来帮助他们指点迷津，解决好生活中房屋买卖的这件大事。而本案中的××房地产中介服务公司的中介服务人员，凭借着自己对房地产法规政策的熟悉，对房地产专业知识的了解，对房地产业务运作技能的掌握等，就能根据客户或委托人的需要，多方位的为客户提供良好的、专业的服务。

本案虽然只是一对夫妇的购房小事，但其中却包含了房地产中介服务的基本内容，即房地产咨询、房地产价格评估和房地产经纪。

张先生夫妇询问和了解购房能否达到进入意愿中的学校读书学习的目的，两者之间有无联系，购买的房屋是否会被动拆迁，选择哪一种贷款更为有利……诸如此类问题的询问回答，就属于房地产咨询范畴。

房地产咨询可以就简单的单一问题提供口头咨询服务，也可以就一个比较复杂的项目提供书面咨询服务。根据咨询内容的多少和难易程度，依照《关于房地产中介服务收费的通知》（简称《通知》）的有关精神，由双方协商确定咨询服务收费标准。

《通知》中规定："房地产中介服务机构可应委托人要求，提供有关房地产政策、法规、技术等咨询服务，收取房地产咨询费。"

房地产咨询收费按服务形式，分口头咨询费和书面咨询费两种。

口头咨询费，按照咨询服务所需时间结合咨询人员专业技术等级由双方协商议定收费标准。

书面咨询费，按照咨询报告的技术难度、工作繁简程度，结合标的额大小计收。普通咨询报告，每份收费 300~1000 元；技术难度大、情况复杂、耗用人员和时间较多的咨询报告，可适当提高收费标准，收费标准一般不超过咨询标的额的 0.5%。

以上收费标准，属指导性参考价格。实际成交收费标准，由委托方与中介机构协商议定。

本案中，张先生夫妇，拟把自己原居住的房屋出售，但不知能以何种价格出售。对于此类问题的回答，既可以通过房地产价格咨询来确定该房屋出售的价格区间，即在哪些有利因素作用下，其最高价是多少，在哪些不利因素影响下，其最低价为多少；也可以通过房地产价格评估中介服务机构，对该房进行价格评估。

房地产价格评估是一项专业性非常强的工作。《中华人民共和国城市房地产管理法》第五十八条规定："国家实行房地产价格评估人员资格认证制度。"要求从事房地产价格评估的机构，应获取一定的资质；房地产价格评估人员，应获取相应的资格。

本案中，张先生夫妇如果要委托房地产中介服务机构代理他们买房，这类业务属于房地产经纪业务范畴。

房地产经纪是以收取佣金为目的，为促成他人房地产交易成功而从事居间、代理等经纪业务的经济活动。

××房地产中介服务公司刊登房地产经纪广告，委托业务员小马与张先生夫妇洽谈并了解相关情况等，均反映了房地产居间、代理等经纪业务的操作流程。一般而言，房地产经纪业务流程通常包括以下几个主要环节：

1. 业务开拓与洽谈

房地产经纪人以其专业和信息为优势，对外拓展业务，招揽客户；或通过广告宣传和公共关系活动，介绍企业业务情况，拉近与客户之间的距离；或通过每一笔经纪业务，提供优质的经纪服务，在客户心中留下良好的企业和人员形象，以一传十，十传百的传播方式，拓展经纪业务市场。

当客户有委托意向时，接待人员通过与客户的洽谈，既要认真了解客户的真实身份和权属状况情况，也要真诚地向客户告知本企业所能提供的服务及有关事项，为委托双方建立起一种平等互信的良好关系。

2. 对经纪的标的物进行查验

通过对经纪标的物（房地产）的查验，可以比较直观地了解房地产的环境状况和物质状况，同时也能佐证房地产权属状况等有关情况。这给经纪人员为客户服务提供了第一手资料。必要时还应陪同买方或承租方去现场看房。

3. 协调客户意见，撮合双方成交

通常情况下，交易双方总是站在各自的立场上考虑问题，常常难以就成交价格以及合同条款等达成一致意见。这时需要经纪人员站在中介的立场上协调各方的不同看法和意见，求同存异，使双方达成交易共识。

4. 协助客户办理房地产交易登记和房屋交验手续

并不是每一个客户都熟悉和了解房地产交易登记手续。为此，房地产经纪人员应协助客户办理登记手续，提供相关的咨询服务。

房屋交验是房地产交易时最容易暴露问题和产生矛盾的环节。为此，房地产经纪人员应协调双方处理好房屋交验手续，发生矛盾及时调解。

5. 佣金结算和售后服务

委托事项完成，房地产经纪机构应按经纪合同的约定，及时与委托方结算佣金。如客户另有新的售后要求，房地产经纪机构和人员还应继续做好售后服务工作，以满足客户的需求。

此外，××房地产中介服务公司以及公司所属人员为张先生夫妇提供房地产中介服务，应按照以下相关要求操作：

（1）按客户委托事项和权限进行操作。

（2）依照国家法律法规和相关政策运作，即订立合同、收费、出具票据。

（3）操作中，应诚实守信，严格按照中介服务合同约定履行义务。

（4）力求客观、公正，坚守中介立场。

案例 5.2

甲房地产经纪公司经理李某，为了扩展公司经营业务，提高公司经济收益，拟在房地产经纪业务中收购一批价格低、有升值潜力的房屋。他要求房地产经纪业务人员在业务开展中，尽可能地压低委托人的出售价格。如遇有合适的房屋便以公司员工的名义买下、囤积，然后伺机加价卖出；如果囤积房屋不很合适，则通过加价挂牌方式以获取差价。

房地产经纪人协理小魏在经纪业务接待中，遇到了客户王某。王某因女儿出国留学，急需一笔费用，拟把其继承的房屋出售。由于王某对房屋出售事项不甚了解，便想委托房地产经纪公司为他操办此事。甲公司委派小魏独立从事该项业务，并与王某进行了洽谈。小魏除了介绍委托代理房屋买卖的有关事项外，还特别向王某提到："现在这段时间正处在国家宏观经济调控时期，房地产市场受到一定的影响，房屋出售价格相对比较低。"小魏建议王某以20万元的价格挂牌出售该套房屋。王某心想："甲房地产经纪公司是房地产买卖方面的专业公司，公司业务员熟悉行情，懂得政策，一定比我在行，听他们指点和建议没错。"于是王某听从了小魏的建议，委托该房地产经纪公司代理出售该房屋，并与公司签订了《房地产代理合同》。合同约定，委托代理期限为自合约签订生效起2个月，委托出售价格20万元，事成之后，王某向甲公司支付房屋售价的2%作为佣金。

业务员小魏为贯彻公司领导意图，将王某委托的房屋以22万元的价格挂牌出售。之后，虽有几个买家有意向购买，但终因价格等多种原因未能成交。

很快一个月过去了，小魏有些着急了。无奈之下，她突然想到乙房地产经纪公司的小夏。小魏打电话给小夏，问他能否帮忙，承接这笔委托业务。小夏向小魏了解了相关情况后，表示可以接受，小魏便将该笔经纪业务转委托乙房地产经纪公司，并由小夏操办。小夏经过努力，终于寻找到买家陈某，以总价22.5万元成交，签订了《房屋买卖合同》，并向陈某收取了房屋成交价的1%作为佣金。之后，甲公司将20万元支付给委托人王某，并按合同约定向王某收取了4000元佣金。房屋差价的2.5万元按2万元和5000元各归甲、乙公司。

经过几个月的业务操作，李经理又搜集到了一些中意的房屋信息。如果把这些房屋全部买下，公司资金承接不了，于是他想到用先期购入的房屋向银行进行抵押，取得抵押贷款后再去购房。以此往复，不仅可以解决资金不足，又能收购和掌握一部分房源。但如果按照房地产抵押管理有关规定，房地产抵押贷款最高额度不得超过抵押房屋市值的70%，这样运作，公司经营资金仍会有不少缺口。再说一家房地产经纪公司多次买房抵押再买房，不仅政策上有违规嫌疑，操作上也有许多问题。为此李经理冥思苦想，最后他决定尝试以公司所属员工名义购房，再以该员工名义申请抵押贷款。同时李经理又托他的朋友，与主持这些抵押房屋评估工作的丙房地产价格评估公司拉上关系，并要求该公司在评估甲公司员工所抵押房屋的价格时，将价格评估得高一些。丙房地产价格评估公司注册房地产估价师黄某按照丙公司领导的暗示，将甲公司委托的房屋评估价格比市场平均价高估了40%，为此李经理向黄某支付了一定的好处费。

5.2.1 问题的提出

1. 对于从事房地产中介服务的机构的资质有哪些要求？
2. 对于从事房地产中介服务的人员有哪些要求？
3. 甲公司将王某委托的代理业务委托给乙公司对吗？
4. 房地产经纪机构在经营经纪业务时能赚取差价吗？
5. 房地产中介服务人员能在其他房地产中介服务机构兼职吗？
6. 房地产中介服务中常见的违规操作有哪些？
7. 对于房地产中介服务人员的职业道德有哪些基本要求？

5.2.2 问题的解答

1. 《中华人民共和国城市房地产管理法》对从事房地产中介服务机构的设立条件作了原则规定。据此建设部于1996年1月发布了《城市房地产中介服务管理规定》（以下简称《中介服务管理规定》），对房地产中介服务机构资格管理作了进一步的要求。2001年建设部对该规定又进行了修改,并对房地产中介服务机构的资格管理、中介服务人员的资格管理和中介服务业务的管理等内容作出了明确规定。

随着《中华人民共和国行政许可法》的实施,对房地产中介服务机构的资格管理有所区别。为加强对房地产估价机构的管理,规范房地产估价行为,《中介服务管理规定》要求,对房地产估价机构实行资质等级管理。

按照房地产估价机构的专业人员状况、经营业绩和注册资本等条件,资质等级分为一级、二级、三级。新成立的房地产估价机构的资质等级按照最低等级核定,并设1年暂定期。一级、二级、三级资质的具体条件如下。

(1) 一级资质。

1) 机构名称有房地产估价字样;

2) 从事房地产估价活动连续6年以上,取得房地产估价机构二级资质2年以上;

3) 有限责任公司的注册资本人民币200万元以上,合伙企业的出资额人民币120万元以上;

4) 有15名以上专职注册房地产估价师;

5) 近2年年均完成估价项目总数200宗以上,估价标的物建筑面积50万平方米以上或土地面积25万平方米以上;

6) 法定代表人或者执行合伙企业事务的合伙人是注册后从事房地产估价工作3年以上的专职注册房地产估价师;

7) 有限责任公司的股东中有3名以上、合伙企业的合伙人中有2名以上专职注册房地产估价师,股东或合伙人中有一半以上是注册后从事房地产估价工作3年以上的专职注册房地产估价师;

8) 有限责任公司的股份或者合伙企业的出资额中专职注册房地产估价师的股份或出资额合计不低于60%;

9) 有固定的经营服务场所;

10) 估价质量管理、估价档案管理、财务管理等各项企业内部管理制度健全;

11) 随机抽查的1份房地产估价报告符合《房地产估价规范》的要求。

(2) 二级资质。

1) 机构名称有房地产估价字样;

2) 从事房地产估价活动连续4年以上,取得房地产估价机构三级资质2年以上;

3) 有限责任公司的注册资本人民币100万元以上,合伙企业的出资额人民币60万元以上;

4) 有8名以上专职注册房地产估价师;

5) 近2年平均每年完成估价项目总数150宗以上,估价标的物建筑面积30万平方米以上或土地面积15万平方米以上;

6) 法定代表人或者执行合伙人中有一半以上是注册后从事房地产估价工作3

年以上的专职注册房地产估价师；

7）有限责任公司的股份或者合伙企业的出资额中专职注册房地产估价师的股份或出资额合计不低于60%；

8）有固定的经营服务场所；

9）评估质量管理、估价档案管理、财务管理各项企业内部管理制度健全；

10）随机抽查的1份房地产估价报告符合《房地产估价规范》的要求。

（3）三级资质。

1）机构名称有房地产估价字样；

2）有限责任公司的注册资本人民币50万元以上，合伙企业的出资额人民币30万元以上；

3）有3名以上专职注册房地产估价师；

4）在暂定期内完成估价项目总数100宗以上，估价标的物建筑面积8万平方米以上或土地面积3万平方米以上；

5）法定代表人或者执行合伙人应为专职注册房地产估价师，股东或合伙人中有一半以上是注册后从事房地产估价工作3年以上的专职注册房地产估价师；

6）有限责任公司的股份或者合伙企业的出资额中专职注册房地产估价师的股份或出资额合计不低于60%；

7）有固定的经营服务场所；

8）估价质量管理、估价档案管理、财务管理各项企业内部管理制度健全；

9）随机抽查的1份房地产估价报告符合《房地产估价规范》的要求。

房地产估价机构资质申报材料：

（1）房地产估价机构资质登记申请表（一式两份，加盖申报机构公章）；

（2）省（自治区、直辖市）房地产主管部门的初审意见；

（3）房地产估价机构原资质证书正本复印件、副本原件、机构的组织章程及主要的内部管理制度；

（4）营业执照正、副本复印件（加盖申报机构公章）；

（5）出资证明复印件（加盖申报机构公章）；

（6）法定代表人（执行合伙人）的任职文件复印件（加盖申报机构公章）；

（7）申报机构在当地人才服务中心托管人事档案的人员名单（加盖人才服务中心公章）；

（8）专职注册房地产估价师注册证书复印件及与申报机构签订的劳动合同复印件（加盖申报机构公章）；

（9）申报机构为专职注册房地产估价师缴纳社会保险的缴纳凭证复印件（加盖申报机构公章）；

（10）兼职房地产估价师注册证书复印件；

（11）房地产估价业绩；

（12）固定经营场所的证明；

（13）经工商行政管理部门备案的公司章程或合伙协议复印件（加盖申报机

构公章）及估价质量管理、估价档案管理、财务管理各项企业内部管理制度健全、建立并公示企业信用档案；

（14）随机抽查的最近2年内申报机构房地产估价报告复印件（一式两份、盖申报机构公章）。

房地产评估机构的资质等级升降及取消估价资质的规定如下：

房地产估价机构资质等级实行动态管理方式。房地产估价机构资质等级每年重新评定一次。根据房地产估价机构的实际发展情况，重新授予资质等级证书，房地产估价资质等级升级采取逐级上升，每次申请升级要间隔2年以上，并不得越级升级的管理办法。

就房地产经纪机构和房地产咨询机构资格管理而言，《中介服务管理规定》中虽没有像对房地产估价机构那样的资质分级管理要求，但对机构的设立、人员数量和管理要求等都作了原则规定，不同城市结合本地区的实际情况有不同的规定。如《上海市经纪人条例》规定，房地产经纪公司设立，从事房地产经纪活动，除应符合《中华人民共和国公司法》规定的条件外，还应当有5名以上与其经营范围相适应的房地产执业经纪人。

合伙企业从事房地产经纪活动，除应当符合《中华人民共和国合伙企业法》规定的条件外，还应当有2名以上与其经营范围相适应的房地产执业经纪人。

个人独资企业从事房地产经纪活动，除应当符合《中华人民共和国个人独立企业法》规定的条件外，还应当有1名以上与其经营范围相适应的房地产执业经纪人。

2. 从事房地产中介服务的人员应符合以下一些要求。

（1）执业资格要求。

《中介服务管理规定》规定：

从事房地产咨询业务的人员，必须是具有房地产及相关专业中等以上学历，有与房地产咨询业务相关的初级以上专业技术职称并取得考试合格证书的专业技术人员。

房地产估价师必须是经国家统一考试、通过执业资格认证，取得《房地产估价师执业资格证书》，并注册登记取得《房地产估价师注册证》的人员。

房地产估价员必须是经过考试并取得《房地产估价员岗位合格证》的人员。

房地产经纪人必须是经过考试、注册并取得《房地产经纪人资格证》的人员。

执业资格要求包括了三个方面：

1）考试报名条件。

报考房地产估价师执业资格，要求具有中专以上学历。根据不同的学历又规定了相应的从事相关专业工作经历的年限要求。

报考房地产经纪人执业资格，要求具有大专以上学历和相对应的从事房地产经纪业务工作的年限。

2）通过考试。

要取得房地产估价师和房地产经纪人执业资格，必须经国家统一考试，成绩合格，取得《房地产估价师执业资格证书》和《房地产经纪人执业资格证书》。

3) 执业注册。

取得执业资格证书的人员要从事房地产估价和房地产经纪活动，必须经过执业注册。

《房地产估价师注册管理办法》规定："经全国房地产估价师执业资格统一考试合格者，应当自房地产执业资格考试合格证签发之日起3个月内申请注册。"取得《房地产估价师注册证》方能从事房地产估价活动。

《房地产经纪人员职业资格制度暂行规定》规定："取得《中华人民共和国房地产执业资格证书》的人员，应由本人提出注册申请，经聘用的房地产经纪机构送所在地的省、自治区、直辖市房地产管理部门初审合格后，统一报建设部或其授权的部门注册。准予注册的申请人，由建设部或其授权的注册管理机构核发《房地产经纪人注册证》。经注册登记后方可独立从事房地产经纪活动。"

(2) 执业人员从业要求。

房地产中介服务人员，凭借着自身对房地产市场的了解和对房地产相关法律、法规、政策的熟悉，并掌握了一定的专业技能等优势，为参与房地产市场投资、房地产交易和房地产消费的机构和人员提供中介服务。

在房地产中介服务中，执业人员应当遵守国家的法律、法规和政策，遵守社会公德和职业道德，公平、公正，诚实守信。这也是对房地产中介服务执业人员的基本要求。

1) 在建设部颁布的《房地产估价师注册管理办法》中，对房地产估价师的权利和义务作了相关规定。

房地产估价师享有以下权利：
①使用房地产估价师名称；
②执行房地产估价及其相关业务；
③在房地产估价报告书上签字；
④对其估价结果进行解释和辩护。

房地产估价师应当履行下列义务：
①遵守法律、法规、行业管理规定和职业道德规范；
②遵守房地产评估技术规范和规程；
③保证估价结果的客观公正；
④不准许他人以自己的名义执行房地产估价师业务；
⑤不得同时受聘于两个或者两个以上房地产价格评估机构执行业务；
⑥保守在执业中知悉的单位和个人的商业秘密；
⑦与委托人有利害关系时，应当主动回避；
⑧接受职业继续教育，不断提高业务水平。

2) 由建设部、人事部制定的《房地产经纪人员职业资格制度暂行规定》中对房地产经纪人的权利和义务作了如下规定。

房地产经纪人享有下列权利：

①依法发起设立房地产经纪机构；
②加入房地产经纪机构，承担房地产经纪机构关键岗位；
③指导房地产经纪人协理进行各种经纪业务；
④经所在机构授权订立房地产经纪合同等重要文件；
⑤要求委托人提供与交易有关的资料；
⑥有权拒绝执行委托人发出的违法指令；
⑦执行房地产经纪业务并获得合理报酬。

房地产经纪人协理享有以下权利：
①房地产经纪人协理有权加入房地产经纪机构；
②协助房地产经纪人处理经纪有关事务并获得合理的报酬。

房地产经纪人应当履行以下义务：
①遵守法律、法规、行业管理规定和职业道德规范；
②不得同时受聘于两个以上房地产经纪机构执行业务；
③接受职业继续教育，不断提高业务水平；
④向委托人披露相关信息，充分保障委托人的权益，完成委托业务；
⑤为委托人保守商业秘密。

此外，2002年5月，建设部、工商行政管理总局等七部委联合印发的《关于整顿和规范房地产市场秩序的通知》中要求："要充分利用网络信息手段，将各类房地产企业中介服务机构及相关人员的基本情况、经营业绩、经营中违规违法劣迹以及受到的处罚等记入企业和个人信用档案，向社会公示，接受社会监督。"2002年8月，建设部印发了《关于建立房地产企业及执（从）业人员信用档案系统的通知》，对全国房地产信用档案系统建设工作进行了统一部署，启动了建立包括房地产中介服务行业在内的房地产企业及执（从）业人员信用档案系统方案，从而极大地促进了房地产中介服务人员的依法从业和规范行为。

3.《中华人民共和国民法通则》第六十八条规定：委托代理人为被代理人的利益需要转托他人代理的，应当事先取得被代理人的同意。事先没有取得被代理人同意的，应当在事后及时告诉被代理人，如果被代理人不同意，由代理人对自己所转托的人的行为负民事责任。但在紧急情况下，为了保护被代理人利益而转托他人代理的除外。

就本案而言，客户委托甲房地产经纪公司出售其房屋一套，为此甲公司获得了代理权。后因代理工作不顺，代理期限行将到期，甲公司在未征得被代理人王某同意的情况下，擅自把出售房屋的代理权转委托给了乙公司，并且事后也未将此事告知被代理人。在这种不属于紧急情况的情况下，甲公司将王某委托的代理出售房屋业务转委托给乙公司代理的行为是错误的。如因此造成被代理人王某的损失和交易行为过错，代理人甲公司应负相应的民事责任。

如果甲公司在转委托之前将转委托的有关事项先告知王某，并征得同意或转委托事后向王某陈述情况、征询意见并征得同意的情况下，甲公司转委托乙公司的代理行为有效。

4. 房地产经纪机构在经纪活动中，只提供服务，不直接从事经营。房地产经纪机构对客户委托的中介商品没有所有权、使用权、抵押权等，不存在买卖行为。如果房地产经纪机构采取低价进高价出的自营买卖行为，那就不属于房地产经纪行为了。

在房地产交易过程中，房地产经纪机构和房地产经纪人员是房地产交易的中介人，而非当事人。他们的经济活动必须以不取代交易双方当事人的任何一方为原则。在市场经济条件下，由于房地产交易供求信息分布的散漫性和不完全性，可能导致直接交易成本提高，甚至可能阻碍某些交易的达成。而房地产经纪的中介性沟通了买卖双方信息，降低了房地产交易费用，促进了房地产市场健康有序地运行。

如果允许房地产经纪机构在房地产经纪业务中赚取差价，那么房地产经纪机构就可以凭借其专业优势和供需双方信息不对称等优势，控制买卖双方互不见面，压低卖价，抬高买价，最终侵害的是客户的利益。

为此，房地产行政管理部门和房地产经纪行业协会都把房地产经纪机构和人员在房地产经纪活动中赚取差价认为是一种不诚信的行为，并要加以限制和制止。

5. 房地产中介服务人员不能在其他房地产中介服务机构兼职。因为兼职属于同时在两个或两个以上中介服务机构执业的行为。《城市房地产中介服务管理规定》把同时在两个或两个以上中介服务机构执行业务列为房地产中介活动的禁止行为，是一种违法和违规的行为。

6. 目前房地产经纪行业常见的违规操作主要有以下几种。

（1）赚取不正当差价。

这在经纪业务中较为普遍。一些经纪机构以控制买卖双方互不见面的方式，压低卖价、抬高买价，通过分别签订两份协议获得非法所得。比如在代理销售中，经纪人利用自己的业务优势在判断物业可以成交时有意隐瞒真实的销售进度，并故意给卖方"不易销售"的报告，对方在信息不灵敏的情况下，误信经纪人的报告，勉强同意降价，结果经纪机构立刻以高价成交，以获得差价收入。

（2）不当收取佣金甚至骗取房源转让费。

一些经纪估价机构违反政府制定的收费标准，抬高收费标准或者不按照所承接的业务类型收费，更有甚者，采取欺骗的手段骗取客户的钱财。如在商品房热销时，一些从事销售代理的房地产经纪人通过内控房源，从买房人手中骗取房源转让费。

（3）业务操作简单化，不规范。

具体表现在省略或简化业务流程中的必要环节（如查验物业、签订经纪合同、物业交验等）；违反经纪合同的本质特点，诱使客户与其签订不规范的经纪合同（如一些经纪机构在自行制定的合同文本中把成交定为"客户与业主见面"、"客户与业主交换联系方式"或"客户支付定金"，以此作为收取佣金的依据）。

（4）不告知甚至有意隐瞒重要信息。

对于房屋质量、房屋产权及他项权利设定以及房屋使用过程中的刑事案件、非常案件等影响房地产交易的重要信息刻意隐瞒。有些房地产经纪人，或者对曾发生过的事件采取事不关己，漠不关心的态度，不作详情了解；或者懒于调查，得过且过，所以不能向买家全面告知。更有甚者，一些经纪机构和人员为促成交易而故意隐瞒这些信息，从而引起很多纠纷。

（5）不当承诺和不当诱导。

一些经纪人为了追求成功率，往往作出一些不切实际、无法兑现的承诺，如高额贷款额度、高投资回报率等，当事人往往被"引诱入套"。有的经纪人为了实现承诺，不正当诱导买卖双方人员实施不正当甚至不合法的行为。如为了高额贷款或减低税收，唆使签订金额有诈的假合同；在房屋租赁后，双方不办理公证、租赁登记等。

（6）不当代理。

房地产经纪业务的主要类型是居间和代理。在这两种不同的业务中，房地产经纪人的地位和作用是不同的。但一些经纪人违反经纪合同所规定的业务类型，承接与自身角色、地位相悖的其他业务，常常造成不当代理。如作为卖方代理的代理公司，又代理买房的消费者办理房地产登记；进行房地产居间服务的房地产经纪机构，又代理卖方收取买方的房款等等。

7. 房地产中介服务人员在职业道德方面应符合以下基本要求。

（1）守法经营。

遵纪守法本是每个公民的基本道德修养，作为房地产中介服务人员，更应牢固树立这一思想，并理解其对于自己职业活动的特殊意义。

房地产是不动产，它的产权完全依靠法律文件来证明其存在，其产权交易也必须通过有关的法律程序才能得以完成。房地产中介服务人员是以促成他人的房地产交易成交作为自己的服务内容的，因此，必须严格遵守有关的法律、法规。否则，自己的服务就不能实现其价值，自己也就失去了立身之本。

（2）以"诚"为本。

房地产中介服务人员提供的服务主要是促成他人的房地产交易，这种服务是一种以信息沟通为主的动态过程。因此，房地产经纪人员要促成交易，首先必须使买卖双方相信自己。但是，与普通的商业服务相比，房地产经纪人员及其就职的房地产经纪机构，并不实际占有具有实体物质形态的商品，要想使买卖双方相信自己，最基本的要素就是"诚"。

（3）恪守信用。

在现代商业社会中，信用是保持经济活动运行的重要因素。房地产中介服务业是以促成客户交易为服务内容的，良好的信用可以给中介服务人员带来更多的客户，为中介机构创造良好品牌和收益。房地产中介人员应牢固树立"信用是金"的思想观念。一方面，要言而必行，行而必果；另一方面，应注意不随意许诺，避免失信。

（4）尽职守责。

1）每一种职业活动都是社会经过专业分工后向某一特定职业人群分配社会任务，每一个职业人都是通过自己的职业活动来实现自身价值并索取社会财富的。

房地产中介服务人员的责任，就是促成他人的房地产交易，因此应尽最大努力去实现这一目标。

职业道德是房地产中介服务活动中的许多环节都必不可少的元素。比如，对卖家委托的房源应充分了解，不仅要通过已有的文字资料了解，还要到现场进行实地勘察。因此，房地产中介服务人员要不断地走街串巷，非常辛苦。如果没有尽职守责的敬业精神，是不能胜任这一工作的。

2）房地产中介服务人员是以自己拥有的房地产专业知识、信息和市场经验来为客户提供服务的。因此，房地产中介服务人员要真正承担起自己的职业责任，还必须不断提高自己的专业水平。一方面要加强理论知识学习，掌握日新月异的房地产专业知识及相关科学、技术；另一方面要不断地通过实地考察，与同行及相关人群交流来充实自己的信息量，提高专业技能。

3）房地产属于大宗资产，一些房地产交易活动，常常是客户的商业机密或个人隐私。在房地产中介活动中，中介人员由于工作的需要，接触到客户的这类机密。除非涉及客户违法，否则房地产中介人员绝不能将客户的机密散布出去，更不能以此谋利，应该替客户严守秘密，充分保护客户的利益。

4）在中国目前的体制下，房地产中介服务人员都是以自己所在的房地产中介服务机构的名义来从事业务活动的，因此房地产中介服务人员对自己所在的机构也承担着一定的责任。这种责任一是帮助公司实现盈利目标，二是要维护公司信誉、品牌。从承担自身责任的要求出发，房地产中介服务人员首先必须做到在聘用合同期内忠于自己的机构，不随意"跳槽"或"脚踏数条船"；同时在言谈举止和经纪行为上都要从维护公司信誉出发，决不做有损公司信誉、品牌的事情。

(5) 公平竞争，注重合作。

市场经济是以优胜劣汰为基本原则的，激烈的市场竞争是市场经济的必然现象。房地产中介服务活动中，也存在激烈的同行竞争。房地产中介服务人员首先必须不怕竞争，勇于竞争，同时还要以坦然的心态、公平的方式参与竞争。

5.2.3 案例的评析

我国《民法通则》规定，民事活动主体在民事活动中应遵守"自愿、平等、等价有偿、诚实信用"的原则。

房地产中介服务机构和人员为社会和他人提供的是一种经济服务，为此，自觉遵守"诚实信用"原则更为重要。

房地产经纪机构在经纪业务中，应争取为买方委托人买到最低价格的房地产，或者是在预定的价格下，买到最好的房地产；为卖方委托人卖出最高价格的房地产。

房地产价格评估公司应为委托人依据估价技术规范和标准，客观、公正地评估房地产价格。

就本案而言，房地产中介服务机构在开展中介服务中犯有以下错误：

(1) 甲房地产经纪公司的领导要求公司所属的房地产经纪人员"尽可能压低委托人的房屋出售价格"，并伺机赚取差价，以及要求丙房地产价格评估公司高估其拟抵押的房地产价格的做法，既违背了"诚实信用"原则，也违反了房地产经纪行业规则和职业道德守则。

（2）按《房地产经纪人员职业资格制度暂行规定》的要求，房地产经纪人协理不能承担房地产经纪机构关键岗位工作，也不能独立从事房地产经纪工作。小魏只具有房地产经纪人协理资格，应在执业房地产经纪人的指导下，从事与其相适应的工作。在本案中，小魏受公司委派独立受理客户王某委托的事项，其行为已超越了房地产经纪人协理的权利范围，也违背了房地产经纪人资格管理的规定。

（3）甲公司转委托乙公司代理王某委托的房屋出售事项，按代理有关法律法规规定，代理人（甲公司）应事先告知委托人，或事后征得委托人同意。但甲公司并未遵守法律规定，擅自转委托，并加价出售，此行为既超越了代理权，也违背了诚信原则。

（4）为防止不公平竞争和保护商业秘密，《城市房地产中介服务管理规定》第二十二条规定："房地产中介服务人员在房地产中介服务活动中不得同时在两个或两个以上房地产中介服务机构执行业务。"乙公司房地产经纪人员小夏在甲公司兼职，违反了上述规定，应属不正当执业，是一种违规行为。

（5）丙房地产价格评估公司和注册房地产估价师黄某的行为违反了相关规定，违背了职业道德。作为房地产价格评估公司，应按估价企业资质分级要求开展估价业务，敦促公司估价人员遵守职业道德，客观公正地评估房地产价格。作为注册房地产估价师在从事房地产估价业务时，应遵守法律、法规、行业管理规定和职业道德规范，遵守房地产估价技术规范和规程，保证估价结果的客观和公正。而本案中，公司领导暗示估价人员估价作假，估价人员暗中收受好处费，这些行为均属违规和违法行为，不仅损害了有关当事人的利益，也损害了公司品牌和从业人员执业形象。

（6）甲、乙公司在代理出售王某房屋时，有多收佣金的嫌疑。按理房地产经纪的佣金应按所在地的佣金收取有关规定向委托人收取，但在实际操作中往往由买卖双方各承担50%的佣金。一笔经纪代理业务不管中间转代理几次，都应按经纪代理合同约定的（当然必须符合当地有关部门规定的）标准收取。本案经纪代理合同约定为成交价格的2%，而实际上在此基础上，乙公司又向买受人收取1%佣金，可以认为这种行为属于多收费的违规行为。

为规范房地产中介服务人员的从业行为，不仅要严把行业准入制度，还要对从业人员加强职业道德教育并推行行业规范建设。

案例 5.3

××房地产经纪公司自成立以来，虽为客户提供了不少中介服务，也获得了不错的经济效益，但也曾因经纪行为不规范引发了几起纠纷。

其一，×年×月，客户李某购买了某住宅小区商品房一套，房地产开发商将该房交付使用后，李某请了某家庭装潢公司进行装修。装修竣工前，有一装修施工人员因个人问题遇到挫折想不开，在该装修房内自寻短见。事后，李某一想到该房，总觉得有一层挥之不去的阴影笼罩着他，最后他决定把该房屋以较低的价格委托××房地产经纪公司代理出售。

在代理业务接洽中，公司业务员了解到李某出售房屋的真实原因。但为了不影响成交，公司业务员在接待买家时，都有意回避这一情节。

一天，沈某来到该经纪公司经营门店，在查看房屋出售信息时，对李某出售的这套房屋比较满意，便向公司业务员了解这套房屋的有关情况。业务员向沈某介绍说，"该套房屋业主因投资某一项目，急需筹集资金，而将该套装修不久的房屋以比较低的价格出售。"沈某听后觉得可信，并在业务人员的陪同下去现场查看了房屋，感觉这套房屋真可以算得上是价廉物美，不久便与该房屋出售代理人××房地产经纪公司签订了二手房买卖合同。

沈某入住后，在与邻居相遇时，总觉得邻居看他时有一种异样的神情。不久后，有一邻居向他陈述了他买的这套房里曾经发生过的事件。沈某听闻后，十分不悦，他认为××房地产经纪公司隐瞒了实情，欺骗了他，为此他要求退房，并追究该经纪公司的责任，由此引发纠纷。

其二，某一天该公司接受了委托人唐女士要求将其拥有的一套房屋居间介绍，寻找买受人的委托，并与唐女士签订了一份房屋居间合同。合同约定，经公司居间介绍，致使委托人唐女士和买家买卖成功，唐女士就应按房屋成交价的2%向居间人××房地产经纪公司支付佣金。不久，该经纪公司通过刊登广告和走访，为唐女士牵线搭桥，终于寻找到了买家丁某。在经纪公司的撮合下，唐、丁双方协商一致，以18万元总价成交并签订了房屋买卖合同，房地产经纪公司也依据与唐女士的居间合同约定向唐女士收取了3600元佣金。2周后，唐、丁双方因各自的原因，经协商决定终止房屋买卖合同，互不追究责任。唐女士认为，因她和丁某终止了房屋买卖合同，所以不能算是和买家买卖成功，××房地产经纪公司也不能算是居间成功，因此公司已收取的佣金应返还于她。公司对唐女士的要求不予同意，为此双方发生纠纷。

其三，业主王某委托该公司将其空闲着的配置较好的一套房屋出租，并明确了租金标准、租赁期限和承租对象等要求。公司按王某的要求，将该套房屋的出租信息对外散发。不久有两位男士要求承租该房，并向公司业务员递交名片，自我介绍说他们俩是本市××新兴科技开发有限公司新聘用的科技研发人员，需承租有较好配置条件的房屋，而王某出租的该套房屋正合他们的心意。经纪公司业务员查看了承租人的身份证并留下了身份证的复印件。之后公司约租赁双方当事人来公司就房屋租赁之事进行协商。经公司撮合，双方约定每月租金1500元，租赁期限1年，每季支付租金1次。在租赁期内，水、电、燃气、电话等费用由承租人支付。就上述租赁事项，双方签订了房屋租赁合同，王某向承租人收取了1个月房租标准的定金。承租人不久便迁入其房屋内使用。

前几个月，出租人王某对承租人还有些不放心，对前几个月的水、电、燃气、电话费用是否按期支付等曾数次了解，其结果均让王某放心。第一季度末，房客也较准时地把第二季度的房屋租金支付给了王某。为此，王某对这两位房客也比较满意，对租房一事也渐渐淡忘了。

很快半年多过去了，有一天王某突然想起好长时间没有收到房租了，心想是否房客搞科技产品研发比较忙而顾不上房租此类杂事？王某想等几天再说。又过了一周，王某有些憋不住了，便上门去找房客。敲门后没人答应，王某以为他们可能在加班要很晚才回来，决定过两天再来找他们。但一连几次，王某均吃了闭门羹，他终于按捺不住了，在物业管理人员见证下破门而入，才发现屋内杂乱无章，电视等家用电器也不知去向，桌上还放着一叠近几个月来尚未支付的金额达数千元的水、电、燃气、电话费等单据，王某觉得情况不对，便报了警。通过调查才发现，承租人留给××房地产经纪公司的身份证是假的，名片上××新兴科技开发有限公司也子虚乌有。为此，王某遭受到了一定损失。

事后，王某认为他的损失与××房地产经纪公司对承租人的真实身份了解不清、查验不实有关。为此，王某要求××房地产经纪公司承担一定的责任，而公司则认为它只负责居间介绍，而没有为双方的违约和违规行为承担责任的义务。因此，双方终未能达成协议，引发纠纷。

5.3.1 问题的提出

1. 常见的房地产经纪纠纷有哪些？
2. 房地产中介服务中，房地产中介服务机构和人员如有违法和违规行为，应承担哪些责任？
3. 房地产经纪活动中，房地产经纪机构或人员对于因未尽告知义务或因告知不清不明而引发的纠纷，应承担何种责任？
4. 未完成委托事项，房地产经纪机构能否收取佣金？
5. 委托房地产经纪机构买卖房屋，应如何确定双方责任？
6. 因房地产中介服务人员过错，给委托人造成损失，其责任由谁承担，又应如何处理？

5.3.2 问题的解答

1. 从现实看，房地产经纪活动中常见的纠纷类型主要有：

（1）缔约过失造成的纠纷。

主要是由于经纪人与委托人在签订合同前未进行充分的协商，在合同中缺乏主要条款，或由于经纪人在缔约前未充分履行告知责任或故意夸大承诺，在订立合同时又故意对自身义务条款"缩水"，从而引发纠纷。由于目前很多委托人自身法律意识淡薄、法律知识缺乏，往往会造成双方在并未对各项主要事项达成一致的情况下就签订了合同的情形。而且这种合同通常是不规范的，事后通常出现合同无法协调双方对一些问题认识差异的情况，从而引发纠纷。

（2）合同不规范造成的纠纷。

如由于房地产交易行为与经纪行为混淆、居间行为与代理行为混淆、权利义务不等、主要条款欠缺等，使经纪人角色错位，为侵害委托人权益提供了条件。在目前经纪人员职业素质参差不齐的情况下，特别容易引发纠纷。

（3）服务标准与收取佣金标准造成的纠纷。

由于目前有关管理部门对房地产经纪收费所制定的标准并无相对应的服务标准，而房地产经纪机构在与委托人签订经纪合同时，因疏忽或故意省缺服务标准的条款，在合同签订后的房地产经纪活动中常常会与客户产生纠纷。

（4）房地产经纪广告宣传不当造成的纠纷。

尤其是在商品房销售代理业务中，房地产经纪机构为了实现其良好的代理销售业绩，往往要借助于华丽温馨的广告来装饰提升其销售的商品房价值，从而诱导消费者购房。

在销售价格方面，常以"优惠价"、"成本价"、"低起售价"等诱使消费者来到售楼地点。这类广告往往称"见报后来购房的前十位客户有特优价"，但当你被这类优惠价吸引而兴冲冲赶到时，却被告知你现在已排在了前十名之后，不能享受优惠价了，但还有其他房可供你选择……至于"成本价"，对大多不具备这方面专业知识的购房者来说，成本是无从核算的。

在商品房效果图和统计数据广告宣传方面，常利用不真实的建筑设计效果图模型照片或统计数据来误导购房者。如有些售楼广告的效果图中显示，所售楼宇已经建成，所在小区也已初具规模，配套设施也已到位完善，小区周边公园、绿地相拥，宽敞马路人流车流井然有序。而实际情况是，房屋尚在建造中，周边既无公园也无绿地，几条未完工的马路与之相邻。

代理销售中，还常以"销售率达到90%以上"、"售房即将告罄，尚有少量自留房屋"之类广告语，以证明"供不应求"，误导消费者轻率购房。

房地产经纪纠纷是房地产经纪行业运行的社会成本。大量的房地产经纪纠纷不仅会降低社会的整体福利，还会影响房地产经纪行业自身的运行效率和发展前景。因此，有效规避房地产经纪纠纷是房地产经纪行业管理的重要内容。虽然，提高房地产经纪人员的职业道德，加强房地产经纪机构的自身管理是避免房地产经纪纠纷的根本途径，但是，通过行业管理部门的引导和监督来规避房地产经纪纠纷也是一个不容忽视的重要手段。目前，中国房地产经纪行业主管部门主要可以通过以下手段来规避房地产经纪纠纷。

（1）制定示范合同文本。

房地产经纪行业目前之所以存在以上种种纠纷，首先，是由于经纪人和委托人缺乏必要的法律、法规意识；其次，一些经纪人员和委托人未掌握订立和履行合同的规则也是一个重要的影响因素；第三，经纪人员受商业环境和交易陋习影响，在职业活动中有意无意地不遵守合同规则、甚至不讲求信用只谋求经济利益的不良经营作风是不容忽视的重要影响因素。为了维护合同当事人的合法权利，减少合同纠纷，除了督促房地产经纪人员在职业活动中加强自律，遵守合同规则外，政府或者行业组织应当制定符合合同规则的示范合同文本，加以推广。示范合同文本可以发挥多重作用。

1）既不干涉经纪活动的正常运行，又可以将合法的合同规则通过公开的途径进行示范，鼓励、督促合同当事人自觉把握自己的权利义务关系；

2）示范合同文本的推广，有利于合同当事人通过比较，改变交易陋习和不自觉的违规、违法、违约行为；

3）示范合同文本的推广，可以保护社会的弱势群体，避免受到违反合同规则的恶意行为的损害；

4）示范合同文本也是政府管理机构与行业组织公开进行宣传，维护消费者利益、行业形象和政府的政策导向的有效手段。

（2）制定服务标准，明确服务要求和内容。

房地产经纪行业的服务标准是房地产经纪人为委托人提供劳务服务的行为准则依据，也是房地产经纪人表现诚实信用方式的依据，又是房地产经纪人应当履行的合同义务。制定符合市场条件、行为准则、经纪人和委托人利益的服务标准，是维护经纪人与委托人的权益、维护市场交易规范的必要手段，有利于提高房地产经纪行业的服务水平，树立良好的企业与行业形象。由于劳务活动内容的不确定性，制定完全统一的服务标准不切合市场的实际，但制定服务要求和内容趋于一致性的基本标准还是可行的。房地产经纪机构可以根据基本标准并参照自己的条件、技能、信用程度、经营成本等方面的实际情况，附加具有特色的企业服务标准作为经营的手段和方式为委托人服务。

（3）加强对房地产经纪合同的监督管理。

目前在房地产经纪行业中使用自行制作的合同文本的占有很大的比例。而且，为了方便重复使用，很多经纪机构将这种合同制作成固定格式的合同文本。一些地方政府的房地产行政主管部门要求房地产经纪机构将这种固定格式的经纪合同提交房地产行政管理部门审查和监管，以避免利用合同恶意损害当事人利益的情况发生。

（4）规范房地产经纪广告。

从发布房地产经纪广告者的角度，房地产经纪机构应当按照《广告法》的有关要求，发布广告。有关管理部门要对所发布广告的真实性、合法性进行监督管理，并提醒和建议购房者或委托人，把房地产经纪广告的有关内容作为房地产购房合同或经纪合同的附件，以此来明确广告发布者的法律责任。

从购房者和委托人的角度，要提高自我保护意识。在收到房地产经纪广告宣传时，首先要理清思路，切莫偏信。也就是说，对自己所需购买的房屋面积、户型、房屋价格、配套设施、环境地段、房屋层次等指标，要做到心中有数，结合广告内容对号入座，三思而后行。其次，要实地查看，明察暗访。也就是说，购房者或委托人不仅要到房地产经纪机构了解详尽材料，更重要的是要亲自前往楼宇现场查看核实。如果条件允许，请懂得房屋建筑的熟人随行，仔细观察，权衡利弊，以弥补广告宣传之不足。第三，切莫贪图便宜，保持一颗平常心。因为购房者或委托人面对的房屋是已经过多次测算和谋划的，它不会无缘无故的便宜，购房者或委托人应保持一颗平常心，只求得一个市场上的公平、合理价格即可，不要贪图广告上的诱人宣传，这样就可以避免被广告所累，减少纠纷发生。

2. 房地产中介服务机构和人员违规执业，按照其违反规定的性质不同及承担法律责任和方式的不同，可以分为民事法律责任、行政法律责任和刑事法律责任。

（1）民事责任。

房地产中介服务机构和人员，在房地产中介服务活动中的主要业务是受委托人的委托，按合同约定的服务事项、服务标准等提供中介服务。如若房地产中介服务机构和人员，未能按合同约定的要求为委托人提供中介服务和履行合同义务，那么房地产中介服务机构和人员就应承担相应的民事责任（民事责任的种类和承担方式等，在任务1"1.2.2问题的解答"中已作论述）。

如果房地产中介服务机构和人员，要减免自己的民事责任，应有免责事由成立。

违反合同的民事责任免责事由包括：

1）不可抗力。不可抗力指不能预见、不能避免并不能克服的客观情况。不可抗力发生后当事人不能履行合同的，应及时通知对方并提供证明。

2）客户自己有过失。违约行为发生后相对人应采取措施防止损失扩大，如未采取措施导致扩大的损失，不得就扩大部分的损失请求赔偿。

3）约定免责事由。但根据合同法规定，约定造成对方人身伤害及因故意或重大过失造成的对方财产损失的免责条款无效。

侵权行为民事责任的免责事由包括：

1）阻却违法性事由，包括正当防卫和紧急避险。

2）不可抗力。

3）受害人过错。

（2）行政责任。

房地产经纪机构和房地产经纪人员违反有关行政法律、法规和规章的规定，行政主管部门或其管辖权的部门可以在其职权范围内，对违法房地产经纪机构或房地产经纪人员处以与其违法行为相应的行政处罚。这里所讲的行政责任即是指房地产经纪机构和房地产经纪人员因违规执业而应接受的行政处罚。行政处罚的种类包括：警告、罚款、没收违法所得和非法财物、责令停产停业、暂扣或者吊销许可证（《房地产经纪人执业资格证书》、《房地产经纪人协理资格证书》、《房地产经纪人注册证书》）、暂扣或者吊销营业执照、行政拘留和法律、行政法规规定的其他行政处罚。《房地产经纪管理规定》第七章规定了房地产经纪机构和房地产经纪人员违规执业的行政责任。

房地产经纪机构聘用无执业资格人员或者虽然有房地产经纪人员资格但未通过本机构办理注册手续的人员从事房地产经纪活动的，或房地产经纪机构的专职房地产经纪人员数量不足而开展房地产经纪活动的，或房地产经纪机构未经备案从事房地产经纪活动的，或房地产经纪机构实施了禁止行为的，由房地产管理部门给予警告，责令改正，可以并处3万元以上罚款；对该机构负有直接责任的主管人员和其他直接责任人员，可以处以1万元以下罚款。

房地产经纪机构不在经营场所告示或告示不清的，严重损害委托人利益的，由房地产管理部门责令改正，并可处以1万元以下罚款；情节严重的，由注册管理机构注销其注册，并收回注册证书或公告注册证书作废。

房地产经纪人员实施禁止行为的，由房地产管理部门责令改正，可以并处3万元以下罚款；情节严重的，由注册管理机构注销其注册，并收回注册证书或公告注册证书作废。

行政管理部门的工作人员在房地产经纪活动监督管理中，玩忽职守、滥用职权、徇私舞弊、索贿受贿的，尚不构成犯罪的，依法给予行政处分。

（3）刑事责任。

房地产经纪人和房地产经纪机构在经营活动中，触犯刑法的，应当追究有关责任人的刑事责任。已经由行政机关处理的，行政机关应及时移送司法机关处理。

3. 房地产经纪基本职业规范要求，房地产经纪机构在承接委托人的委托前有义务向委托人告知与委托事项有关的法规政策和民俗；也有义务告知房地产经纪机构在接受委托事务处理时需要委托人配合和协助的有关事宜以及可能产生的结果等。如果房地产经纪机构在房地产经纪活动中，未能尽告知义务或告知不清并由此引发纠纷，应承担一定的民事责任。

告知通常是在签订委托合同之前的行为。在合同未成立或成立后无效、被撤销，无法请求违约责任的情况下，有过失的一方应承担缔约过失责任。也就是在合同成立以前，缔约上已有过失。如本例所举的事例，按民俗习惯，房地产经纪机构应当向客户沈某告知出售的房屋曾发生过的情况，而该机构没这样做，便与沈某签订二手房买卖合同。合同执行中，该机构虽没有违约，但在缔约合同前已有未尽告知义务的过错，所以要承担缔约过失责任。

缔约过失责任虽不属于违约责任，但与合同有关，属于合同责任。缔约过失责任的条件是：当事人一方违反合同义务，如告知、注意、保密等义务；另一方有损失。

缔约过失责任的赔偿范围确定以实际损失为原则。

4. 佣金是房地产经纪机构和经纪人员收入的基本来源，其性质是房地产经纪机构的经营收入，也是房地产经纪人员的劳动收入，是对经纪机构开展经纪活动所付出的劳动时间、花费的资金和承担的风险的总回报。

为了保护房地产经纪机构依法从事房地产经纪活动并获取佣金的权利，在《中介服务管理规定》和各地方人大或政府制定的有关房地产经纪法规或政策中，都对房地产经纪的佣金作了明确的规定。在1995年7月由原国家计划委员会和建设部联合发布的《城市房地产中介服务收费的通知》中规定："房地产经纪收费是房地产专业经纪人接受委托，进行居间代理所收取的佣金。"房地产经纪收费根据代理项目的不同实行不同的收费标准。

房屋租赁代理收费，无论成交的租赁期限长短，均按半月至1月成交租金额标准，由双方协商议定一次性计收。

房屋买卖代理收费，按照成交价格总额的0.5%~2.5%收费。实行独家代理的，收费标准由委托方与房地产中介机构协商，可适当提高，但最高不超过成交价格的3%。

房地产经纪收费由房地产经纪机构向委托人收取。以上海为例：从事房地产居间代理买卖的，可按标的物的成交价的2%以下收取佣金；从事房地产居间、代理、租赁的，可按月租金的70%收取佣金。这里的2%和70%佣金都属于法定佣金。也就是说佣金收取的上限须按照国家或地方规定的佣金标准收取，不能突破，不然就属于违法或违规收取佣金。对于佣金的下限国家或地方一般不作规定，由房地产经纪机构与委托人协商确定，也就是说属于一种自由佣金。一旦自由佣金经委托双方确认并写入房地产经纪合同，便具有法律效力，违约者必须承担违约责任。

佣金是对经纪机构完成委托事项的一种经济回报，那么未完成房地产经纪合同委托事项的房地产经纪机构就不得收取佣金，但可以依照合同约定，要求委托人支付从事房地产经纪活动支出的必要费用。

房地产经纪机构接受经纪委托后，需做大量的相关工作。复杂的，要搞专项调查，撰写销售方案等；简单的，也要陪同买家走街串巷，看房等。由于种种原因，房地产经纪机构的先期付出，不一定都能完成每一项委托事项。对未完成的合同委托事项作一定的劳务付出和成本支出补偿，这也体现了公平合理的市场经济准则，但这必须按合同约定或经双方协商确定。

在实际房地产经纪活动中，有些房地产经纪机构在未能完成合同约定的委托事项的情况下，以种种理由要求委托人支付名目繁多的各种费用。这些行为损害了委托人的利益，也违反了有关法规政策规定。

5. 接受客户委托居间或代理房屋买或卖，这是房地产经纪机构的基本经纪业务。为了明确责任和避免纠纷，委托双方应该从委托合同签订之时就对合同中的双方责任加以细化和明确。

以二手房出售代理为例，委托人应就二手房出售的价格、方式、委托期限、佣金支付等委托权限加以确定；房地产经纪机构则就委托出售的房屋应提供的相关资料提出要求，并就经纪业务过程中所发生的费用或佣金结算以及需要委托人配合和协助的事项加以明确。

这样做，一方面能使委托双方当事人一开始就能明确各自的责任和义务，从而对自身的行为有约束和规范效用；另一方面，一旦有一方未尽责任和义务，相对方就能依据合同进行维权。

所以说，委托房地产经纪机构买卖房屋，应该通过经纪合同来明确委托双方的责任。

6. 房地产经纪企业是房地产经纪人员进行房地产经纪执业活动的载体，是房地产经纪活动的组织者。

房地产经纪人员与房地产经纪企业之间的执业关系。一方面，大多数房地产经纪人员从事经纪活动必须以房地产经纪企业的名义进行，不能以个人的名义进行；房地产经纪业务由房地产经纪企业统一承接，由房地产经纪企业与委托人签订经纪合同，房地产经纪企业指定具体的房地产经纪人承办房地产经纪业务。另一方面，房地产经纪企业必须是由房地产经纪人组成的。根据一般规定，不论是设立房地产经纪公司、房地产经纪合伙企业、房地产经纪个人独资企业，还是设立房地产经纪机构的分支机构，都必须有规定数量的持有《中华人民共和国房地产经纪人执业资格证书》的人员和一定数量的持有《中华人民共和国房地产经纪人协理资格证书》的人员。由此可见，没有房地产经纪人员的加入，房地产经纪企业也是无法成立的。

房地产经纪企业与房地产经纪人员之间的法律责任关系。由于房地产经纪业务一般是由房地产经纪企业统一承接的，房地产经纪合同是在委托人与房地产经纪企业之间签订的，因此，一方面房地产经纪人员在执业活动中由于故意或过失给委托人造成损失的，由房地产经纪企业统一承担责任，房地产经纪企业向委托人进行赔偿后，可以对承办该业务的房地产经纪人员进行追偿。另一方面，由于委托人的故意或过失给房地产经纪企业或房地产经纪人员造成损失的，应由房地产经纪企业向委托人提出赔偿请求，委托人向房地产经纪企业进行赔偿后，再由房地产经纪企业向房地产经纪人员的损失进行补偿。房地产经纪业务的特点决定了房地产经纪人员执业的流动性比较大，由经纪企业统一承接经纪业务并承担法律责任有利于保护委托人、房地产经纪人员和房地产经纪企业三方的合法权益，也有利于促进经纪企业加强对其下属执业经纪人员的监督和管理。

房地产经纪企业与房地产经纪人员之间的经济关系。由于房地产经纪业务是由房地产经纪企业统一承接的，房地产经纪合同是在委托人与房地产经纪企业之间签订的，因此，由房地产经纪企业统一向委托人收取佣金，并由房地产经纪企业开具发票。经纪企业收取佣金后应按约定给予具体承接和执行经纪业务的房地产经纪人员报酬，报酬的形式由经纪企业与经纪人员协商约定，可以是计件的也可以是按标的额提成等。报酬的具体金额或比例由双方约定，但应符合当时当地的有关规定。

5.3.3 案例的评析

房地产经纪是社会经济活动中的一种中介服务行为，其基本作用就是沟通供需双方，提供中介服务。

由于房地产商品具有价值量大和交易的复杂性等特点，再加上交易过程的信息不对称等因素，常会给房地产交易的当事人带来一定的风险。作为居于中间地位的房地产经纪机构和人员，应坚守其中介立场，发挥其房地产专业优势，规范服务和操作规程，以维护房地产交易安全。

建设部制定的《城市房地产中介服务管理规定》把"维护房地产市场秩序，保障房地产活动当事人的合法权益"当作是该行政规章制定的目的，把"遵守自愿、公平、诚实信用的原则"作为房地产中介服务机构必须履行的义务。为此，房地产经纪机构和房地产经纪人员在开展房地产中介服务时应当遵守诚实信用的原则，履行其向房地产交易的当事人告示或告知有关房地产交易方面的法律、法规、政策以及交易物在权属、质量、安全、环境等方面存在的瑕疵及可能产生的法律后果等义务。

本案的第一种情况，反映了房地产经纪机构缺乏诚信的做法。该房地产经纪机构和房地产经纪人员为了促使双方成交，追求经济利益，对买受人故意隐瞒交易物近期曾发生过的、难以使人身心愉悦的事件，并以"该套房屋业主最近因投资某一项目急需筹措资金"为由，诱导买受人购买。这种经营行为违反了房地产中介服务机构和人员应尽的诚实信用义务，也违背了房地产经纪人的中介、守信等职业道德的基本要求。

房地产经纪基本职业规范要求，房地产经纪机构在接受委托时，应当由房地产经纪人向委托人口头或书面告知委托项目的相关市场行情和可选择的房地产交易方式；交易物在权属、质量、安全、环境等方面存在的瑕疵及可能产生的法律后果；房地产交易应办理的手续和房地产经纪机构可为委托人代办的事项等。如因告知不清或者告知不实，给委托人造成经济损失的，房地产经纪机构应当承担相应责任。

本案这类纠纷就与房地产经纪机构未尽告知义务，未遵守职业道德有关。

解决这类纠纷，要从职业诚信做起。一方面要求房地产经纪从业人员要学习房地产中介服务法规和政策，自觉遵守国家和所在地区的房地产中介服务管理部门颁布的有关规定，另一方面要进行诚实守信教育，以自己的优良服务，诚信服务来获取客户的信任，来换取劳动所得的利益。

本案第二种情况，属于经纪行为不规范所致。按合同约定，唐女士和买家买卖成功后，唐女士就应按房屋成交价的2%向居间人支付佣金。表面上看，该条款约定事项明了，当事人责任明确。但从文字所表达的内涵来看，就使人难以理解。"买卖成功"，其意思指什么？是指唐女士和买家签订了"房屋买卖合同"就算成功了呢？还是指唐女士和买家最终办理了房屋过户手续，"货银两讫"呢？显然该居间合同未能给予明确规定，致使后来唐女士与买家因各自原因终止了合同，进而要求退还佣金，最终引发了纠纷。

房地产居间合同是以促成二手房交易双方达成交易为目的的委托合同。由于房地产居间业务中，房地产经纪机构与委托人之间的法律关系相对较为复杂，因此，二手房的房地产居间合同具有一定的复杂性。为此，在签订房地产居间合同时，房地产经纪机构应该规范操作，双方的权利、责任和义务等约定，词义表达和用语一定要清晰明了。如对交易买卖成功的界定，以及交易不成功时，一些大额费用的给付责任等，都应该经过居间双方充分协商并加以明确。

此案纠纷是因为经纪机构在经纪业务操作时的不规范，未对"买卖成功"加以明确界定，使得委托人唐女士与该经纪机构对买卖成功的理解不一致所致。

为避免此类纠纷发生，房地产经纪机构在接受委托时，应该规范操作行为，在充分协商的基础上，对双方的权利和责任在合同中加以明确和约定。一旦发生纠纷，则有据可查。

本案第三种情况，既反映了房地产经纪机构的房地产经纪人员在工作时有不够认真细致的一面，也反映了居间双方在居间经纪活动中的责任不明。

由于房屋租赁的特殊性，租赁双方的权利和义务关系存续的时间会长短不一，相互之间会产生较为复杂的债权债务关系，由此而引起的委托人对房地产经纪机构的责任要求也会比较复杂。如房地产经纪机构是否有责任担保承租人按时交纳房租和由其支付的有关公用事业费？诸如此类事项应该在房屋租赁居间合同中加以明确规定，以便明确房地产经纪机构与委托人各自的权利和义务。

在一些地区，主管部门为了维护房地产市场秩序和广大消费者的利益，专门制定了房地产居间等合同的示范文本。房地产经纪机构和委托方应参考这类委托示范合同，这在一定程度上可帮助委托双方明确各自的权利和义务，从而减少纠纷的发生。

本案中，房地产经纪机构在查验承租人所提供的材料时不够认真细致，对租赁双方在合同存续期间应尽哪些责任和义务都没有与委托人明确约定。

如果房地产经纪机构工作制度严格一些，业务活动规范一些，房地产经纪人员工作认真细致一些，中介服务意识再强一些，此案发生的情况可能会得到遏制，自身和租赁双方的权利可以得到更好的维护。

任务 6

房地产售后服务法规应用

案例 6.1

××市花园小区于2003年10月1日交房入住，小区业主依法召开业主大会选举产生业主委员会，并订立了管理规约。业主大会选聘××物业管理公司负责本小区的物业管理工作。花园小区业主委员会与××物业管理公司签订了物业服务合同。合同约定：××物业管理公司向花园小区内的业主提供有偿物业管理服务，每月向业主收取一定的物业费，其服务内容包括安全保卫等工作。××物业公司为了履行其服务职责，先后制定了《花园小区文明公约》、《花园小区夜间保安员值班职责》、《保安夜班巡值情况登记表》。2004年1月5日，花园小区业主郑某被发现死于自己的商店内。经公安机关侦查得出结论：郑某的死因系他杀。郑某父亲认为由于××物业管理公司没有履行安全保卫工作，犯罪分子顺利进入花园小区行窃并最终导致郑某被害，××物业管理公司对郑某之死负有责任，要求法院判令××物业管理公司赔偿人民币共计16万元。××物业公司认为自己在履行义务方面没有过失，并出示了2004年1月5日《保安夜班巡值情况登记表》，当日的"发现问题"栏目记载为"无"。

6.1.1 问题的提出

1. 什么是物业管理？
2. 如何选聘物业管理公司？物业管理公司的职能有哪些？
3. 业主在物业管理活动中的权利义务有哪些？

4. 业主大会、业主委员会的组织运作规则有哪些？
5. 管理规约的内容与效力、管理规约的通过与修改规定。
6. 物业服务合同的内容以及签订方式。

6.1.2 问题的解答

1. "物业"一词译自英语 property 或 estate，是指以土地及土地上的建筑物形式存在的不动产。物业应是房产和地产的统一。单体的建筑物、一座孤零零的不具备任何设施的楼宇，不能称之为完整意义上的物业。物业的要素包括：

（1）具有经济价值和使用功能的各类供居住和非居住的屋宇；

（2）与这些屋宇相配套的设备和市政、公用设施；

（3）屋宇的建筑（包括内部的多项设施）和相邻的场地、庭院、停车场、小区内非主干交通道路。

物业具有二元性、有限性、固定性、永久性和长期性以及配套性等几种自然属性。从社会属性来看，作为一种商品，物业具有经济属性。从这一商品的生产关系和财产关系的调整及归属来看，物业具有法律属性，即物业权属问题。

国务院颁布的《物业管理条例》解释："物业管理，是指业主通过选聘物业服务企业，由业主和物业服务企业按照物业服务合同约定，对房屋及与之相配套的设备、设施和相关场地进行专业化维修、养护、管理，维护相关区域内环境卫生和公共秩序的活动。"

（1）物业管理的基本原则是：权力界定原则、业主至上原则、统一管理原则、经济合理原则、专业化服务原则、权责明确原则、超前管理原则和公平竞争原则。

（2）物业管理的目标是：对物业实行企业化、经营化管理，最大限度地实现物业的社会效益、经济效益和环境效益的统一。

2. 物业服务企业受业主委员会及房地产产权人的委托，承担物业管理工作。物业管理公司，是按照法定程序成立并具有相应资质条件，经营物业管理业务的企业型经济实体，是独立的企业法人。它属于服务性企业，它与业主或使用人之间是平等的主体关系。它接受业主的委托，依照有关法律法规的规定或合同的约定，对特定区域内的物业实行专业化管理并获得相应报酬。

根据《物业管理条例》等法规规定：一个物业管理区域成立一个业主大会，由业主大会选举产生业主委员会。

业主大会是业主的自治组织，是业主的权力机构；业主委员会是业主大会的执行机构，对业主大会或业主代表大会负责。业主委员会应当自选举产生之日起30日内将业主大会的成立情况、业主大会议事规则、管理公约及业主委员会委员名单等材料向物业所在地的区、县人民政府房地产行政主管部门备案。

业主委员会成立以后，就可以开始着手选聘物业服务公司了。选聘物业服务公司应当实行招投标方式。具体的招投标程序是：

（1）成立招标领导小组。

（2）发布招标公告或通知。

（3）编制招标书。包括招标的物业基本情况，物业管理内容，对招标的有关说明，物业管理考核标准及奖罚措施，投标开标时间。

（4）投标单位的资质审查。

（5）投标申请书的报送。

（6）开标、评标、定标。

（7）签订物业服务合同。

物业服务企业的权利：

（1）根据有关法律法规，结合实际情况，制定管理办法。

（2）依照物业服务合同和管理办法实施物业管理。

（3）依照物业管理合同和有关规定收取管理费用。

（4）有权制止违反规章制度的行为。

（5）有权要求业主委员会协助管理。

（6）有权选聘专营公司（如清洁公司、保安公司等）承担专项管理业务。

（7）可以实行多种经营，以其收益补充管理经费。

物业服务企业的义务：

（1）履行物业服务合同，依法经营。

（2）接受业主委员会和全体业主的监督。

（3）重大的管理措施应当提交业主委员会审议，并经业主委员会认可。

（4）接受房地产行政主管部门、有关行政主管部门及物业所在地人民政府的监督指导。

3. 业主在物业管理活动中，享有下列权利：

（1）按照物业服务合同的约定，接受物业服务企业提供的服务。

（2）提议召开业主大会会议，并就物业管理的有关事项提出建议。

（3）提出制定和修改管理规约、业主大会议事规则的建议。

（4）参加业主大会会议，行使投票权。

（5）选举业主委员会委员，并享有被选举权。

（6）监督业主委员会的工作。

（7）监督物业服务企业履行物业服务合同。

（8）对物业共用部位、共用设施设备和相关场地使用情况享有知情权和监督权。

（9）监督物业共用部位、共用设施设备专项维修资金（以下简称专项维修资金）的管理和使用。

（10）法律、法规规定的其他权利。

业主在物业管理活动中，履行下列义务：

（1）遵守管理规约、业主大会议事规则。

（2）遵守物业管理区域内物业共用部位和共用设施设备的使用、公共秩序和环境卫生的维护等方面的规章制度。

（3）执行业主大会的决定和业主大会授权业主委员会作出的决定。

（4）按照国家有关规定缴纳专项维修资金。

（5）按时缴纳物业服务费用。

（6）法律、法规规定的其他义务。

4. 业主大会、业主委员会的组织运作规则通常是：同一个物业管理区域内的业主，应当在物业所在地的区、县人民政府房地产行政主管部门或者街道办事处、乡镇人民政府的指导下成立业主大会，并选举产生业主委员会；只有一个业主的，或者业主人数较少且经全体业主一致同意，决定不成立业主大会的，由业主共同履行业主大会、业主委员会职责。

业主大会则是由物业内的业主所组成的。业主可以委托代理人参加业主大会会议。业主大会会议可以采用集体讨论的形式，也可以采用书面征求意见的形式。但是，应当有物业管理区域内专有部分占建筑物总面积过半数的业主且占总人数过半数的业主参加。

业主大会决定筹集和使用专项维修资金，改建、重建建筑物及其附属设施事项，应当经专有部分占建筑物总面积 2/3 以上的业主且占总人数 2/3 以上的业主同意；决定其他事项，应当经专有部分占建筑物总面积过半数的业主且占总人数过半数的业主同意。

下列事项由业主共同决定：

（1）制定和修改业主大会议事规则。

（2）制定和修改管理规约。

（3）选举业主委员会或者更换业主委员会成员。

（4）选聘和解聘物业服务企业。

（5）筹集和使用专项维修资金。

（6）改建、重建建筑物及其附属设施。

（7）有关共有和共同管理权利的其他重大事项。

业主委员会的权利：

（1）召集业主大会会议，报告物业管理的实施情况。

（2）代表业主与业主大会选聘的物业服务企业签订物业服务合同。

（3）及时了解业主、物业使用人的意见和建议，监督和协助物业服务企业履行物业服务合同。

（4）监督管理规约的实施。

（5）业主大会赋予的其他职责。

业主委员会的义务：

（1）向业主大会报告工作。

（2）执行业主大会通过的各项决议，接受广大业主的监督。

（3）执行并督促业主遵守物业管理及其他有关法律、政策规定，协助物业服务企业落实各项管理工作，对业主以及使用人开展多种形式的宣传教育。

（4）执行物业服务合同，保障本物业各项管理目标的实现。

（5）接受政府房地产行政主管部门的监督指导，执行对本物业的管理事项提出的指令和要求。

（6）委员会作出的决定不得违反法律、法规政策，不得违反业主大会的决定，不得损害业主的公共利益。

管理规约：根据《物业管理条例》第十七条规定：管理规约，指业主共同订立或者承诺的，对全体业主具有约束力的有关使用、维护物业及其管理等方面权利义务的行为守则，是全体业主应该遵守的物业管理规章制度。

管理规约作为最高自治规则，其约束力及于全体业主。特征如下：

（1）业主意思自治。

（2）订立程序严格。

（3）约定效力至上。约束全体业主。业主大会、业主委员会的相关规定均不得违反管理规约，否则无效。

5. 管理规约的内容与效力、管理规约的通过与修改有如下一些规定。

（1）管理规约的具体内容虽然由业主自行协商确定，但根据《物业管理条例》的规定，以下事项应纳入其中：

1）物业基本情况简介。物业的名称、地点、面积、户数、公共场所及公用设施状况等。

2）业主共同事务管理。规定业主大会召开的条件、方式、程序；规定物业区域内管理费用的承担分配。

3）业主权利义务设定。明确业主基于物业所有权的物业使用权及作为小区成员的成员权，包括表决权、参与制定规约权、选举和罢免管理机构人员的权利、请求权及监督权等；列举物业区域内的行为守则，对业主相关权利行使或生活行为进行限制或予以禁止。

4）违反公约的处置。业主违反公约，须承担约定的违约责任。承担违约责任的方式根据民法规定，有停止侵害、排除妨碍、赔偿损失等法定方式，管理规约也可以另行设定承担责任的方式。管理规约对业主的违约行为不得设定罚款，但可以通过约定缴纳保证金、违约金方式，当业主有违约行为时，从中予以扣除。对业主违反公约的行为，相关业主、使用人、业主委员会或物业服务企业有权加以劝止，必要时可以向人民法院提起民事诉讼。

（2）管理规约的效力。

管理规约作为一种法律行为，自然要符合法律行为的一般生效要件。依《民法通则》第五十五条规定，管理规约的一般生效条件是：

1）业主须有相应的行为能力。

2）业主的意思表示真实。

3）公约的内容不得违反法律的强行性规定及公序良俗。

6. 物业服务合同，是业主选聘物业服务企业并与物业服务企业约定双方在物业服务活动中所享有的权利和应承担的义务的协议。

物业服务合同应当对物业管理事项、服务质量、服务费用、双方的权利义务、专项维修资金的管理与使用、物业管理用房、合同期限、违约责任等内容进行约定。

（1）双方当事人的姓名或名称、住所。合同的甲方（委托人）为某物业的业主或使用人选举产生的业主委员会，乙方（受委托人）为物业服务企业。

（2）服务项目。即接受管理的房地产名称、坐落位置、面积、四至界限。

（3）服务内容。即具体管理事项。包括：房屋的使用、维修、养护；消防、电梯、机电设备、路灯、连廊、自行车房（棚）、园林绿化地、沟、渠、池、井、道路、停车场等公用设施的使用、维修、养护和管理；清洁卫生；车辆行驶及停泊；公共秩序；房地产主管部门规定或物业服务合同规定的其他物业管理事项。

（4）服务费用。即物业管理公司向业主或使用人收取的管理费。物业管理的收费情况比较复杂，不同的管理事项，收费标准也不同。

（5）双方的权利和义务。

（6）合同期限。即该合同的起止日期。

（7）违约责任。双方约定不履行或不完全履行合同时各自所应承担的责任。

（8）其他事项。双方可以在合同中约定其他未尽事宜，如风险责任、调解与仲裁、合同的更改、补充与终止等。

物业服务合同的签署一般都是业主委员会在招标决标或选定（选聘）物业服务企业之后，在双方谈判磋商、达到基本一致的基础上签署的。

物业服务合同一经双方签署即具有法律效力，当事人应认真执行，要恪守和履行合同中规定的相关的权利和义务。物业服务企业未能履行物业服务合同的约定，导致业主人身、财产安全受到损害的，应当依法承担相应的法律责任。

6.1.3 案例的评析

本案件中，被告与业主郑某签订物业服务合同，且已实际收取了业主的物业费，被告与业主已经形成了物业服务合同，被告与郑某之间存在物业服务合同关系并已经成立。

物业服务的保安，应理解为为业主创造方便安全的条件，维护物业管辖范围内公共秩序的良好与稳定。但它不是广义上的社会安全，不能要求被告确保花园小区内所有财产和人身的安全。物业服务企业的安全保卫义务不能也不应该被无限放大。本案被告已履行了保安义务，但其无法阻止原告之子郑某被人杀害的刑事案件的发生，本案原告不能证明物业服务企业在管理上存在过错。且由于花园小区业主及物业使用者对24小时安全保卫的内容未作特别约定，故依照现行物业管理的相关法规，可以认定被告所负的保安义务，仅是为维护物业管理区域内的公共秩序和物业使用的安全而实施的必要的正常防范性安全保卫活动。物业服务企业提供的安全防范服务，应不包括对业主及物业使用者人身安全不受第三人不法侵害提供保障。且郑某被害的地点位于小区沿街商店内，案发后店门无异状，因此，物业服务企业即使履行了正常的防范性安全保卫义务，也无法避免店内犯罪行为的发生。

物业服务企业为履行物业管理责任，在安全防范服务方面制定了《花园小区文明公约》、《花园小区夜间保安员值班职责》和《保安夜班巡值情况登记表》，这些规定，可以推定为郑某与被告之间在保安方面的约定。物业服务企业如果未按这些规定履行其职责或履行职责中存在明显的过错，可视为在物业管理方面存在过错和违约行为，就应承担违约责任。但如果物业服务企业履行了上述制度规定，那么就不存在违约，也就不存在承担违约责任的问题。

本案中××物业服务企业在事故发生时履行了巡查的义务，对于原告之子郑某被人杀害的刑事案件的发生，物业服务企业不存在管理上的过错，不应承担业主的人身损害赔偿责任。这是因为，物业服务企业的保安责任，不应包括确保物业管理区域内业主、物业使用者的人身不受第三人的不法侵害。否则，即是变相地把国家司法机关的职能强加在物业管理安全防范等事项的协助管理职能上，这本身就是不合法的。

案例 6.2

2004 年 2 月，陈先生购得一套商品房，因梅雨季节连日阴雨，该商品房部分墙面开始渗水，损坏了陈先生室内的部分装修。陈先生为此多次向物业公司反映，物业公司也两次派人前来维修。但是，虽经维修，该房墙面仍有渗水问题存在。物业服务企业表示，其已经尽了维修义务，陈先生应该向房地产开发商进行交涉。而房产开发公司认为，房屋已经交付给陈先生，且陈先生收验房屋时并未提出房屋有质量问题，房屋墙体渗水是由于陈先生家楼上用户以及陈先生本人在对房屋进行装修时，不正确操作所致，从而拒绝赔偿有关损失。房地产公司认为，陈先生所遭受的损失应由陈先生本人以及其楼上住户共同承担。为此，陈先生和房地产公司以及物业服务企业发生激烈争执。陈先生在向有关行政管理部门提出申诉无果后，向法院提起诉讼，要求房地产开发公司和物业服务企业共同承担房屋的维修义务并赔偿自己的损失。

6.2.1 问题的提出
1. 物业管理法律关系的概念及内容。本案中包括哪些物业管理法律关系？
2. 物业管理纠纷的解决处理方式有哪些？

6.2.2 问题的解答
1. 本案中包括了多方面的物业管理法律关系。

物业管理法律关系，是指物业管理法规实际组控物业管理社会关系和社会行为时所形成的法律上的物业管理特定地位中主体间权利、义务关系。

物业管理法律关系包含七个方面的内容。

（1）业主、住户的权利与义务，即建筑物区分所有权人及占有人、使用人所

享有的专有部分所有权、共用部分共有和共同管理的权利与应承担的相应义务;

(2) 作为区分所有建筑物管理人的业主委员会的权利与义务;

(3) 作为区分所有建筑物管理服务人的物业服务企业,依据物业服务合同的规定所确立的权利与义务;

(4) 作为建筑物的开发建设单位在物业管理活动中的权利与义务;

(5) 各级政府及政府主管部门在物业管理活动中作为政府主管部门的行政监督和管理的基本权利与义务;

(6) 政府相关部门的基本权利与义务;

(7) 物业管理协会的基本权利与义务。

物业管理法律关系的构成要素。

(1) 物业管理法律关系的主体

根据中国物业管理法规的规定,物业管理法律关系的主体主要是具有物业的业主身份、使用人身份的自然人(公民)和法人(包括物业服务企业法人、物业管理行政主管机关法人等)两种,符合一定条件的非法人组织(如提供家政装修服务的合伙企业和个人独资企业、物业服务企业下设的物业管理处等)和特殊情况下国家也可成为物业管理法律关系主体。

物业管理法律关系的基本主体是业主及其自治管理组织、物业服务企业和物业管理活动的行政监管机关。

(2) 物业管理法律关系的内容

物业管理法律关系的内容是指业主在物业管理法律关系中所享有的权利(包括职权)和负担的义务(包括职责)。物业管理关系的权利种类是多样的,主要包括民事权利、商事权利和政事权利三大类。物业管理法律关系的义务种类是多样的,主要包括民事义务、商事义务和政事义务三类。

(3) 物业管理法律关系的客体

物业管理法律关系的客体是指法律关系主体承受的权利、义务所指向的对象。客体亦称为"标的",是主体所需合法利益(法益)的外在表现载体,它直接反映了人们社会关系中最核心的利益关系。

本案涉及的物业管理法律关系主要有:业主(即建筑物区分所有权人)与其他所有权人之间的关系;业主与物业服务企业之间的关系;业主与房地产开发企业之间的关系;各级人民政府对物业管理活动的监管关系。

2. 物业管理纠纷的解决处理方式有多种,概括起来有以下几种:

①当事人各方自行协商和解;

②各方当事人请求第三人调解,请求政府主管部门行政调解;

③当事人之间约定仲裁;

④司法诉讼。

以上几种方式孰优孰劣,难作评定,当事人可以自己决定。自行协商和解是双方直接对话解决纠纷的方式,而后面三种则是借助第三方解决纠纷的方式。

(1) 物业管理纠纷的调解。

物业管理民事纠纷的调解，包括民事调解和行政调解两种。民事调解由争议双方当事人共同选定一个机构、组织或个人，由第三方依据双方的意见和授权提出解决意见，经双方同意并执行，由此化解纠纷。但此种方式的调解不具有法律效力。调解结束后，当事人一方如不执行，则前功尽弃。

物业管理纠纷的行政调解则是借助主管政府的权力进行调解处理，但这种处理如一方不遵守执行，则要借助其他手段解决。

民间的调解和行政调解与仲裁或诉讼程序中的调解是不同的。仲裁或诉讼中的调解是仲裁程序中的一个环节，不具有独立性。

（2）物业管理民事纠纷的仲裁。

1）仲裁是指由当事人双方以外的第三者对民事、经济、行政等争议作出裁决。第三者可以是仲裁人，也可以是仲裁机构。仲裁是一种法律行为，仲裁机构应依法设立，应按法律规定程序进行仲裁活动。

可以通过仲裁途径解决的应是民事性质的争议，主要是基于合同的纠纷或财产权益纠纷。依据《中华人民共和国仲裁法》的规定："平等主体的公民、法人或其他组织之间发生的合同纠纷和其他财产权益纠纷，可以仲裁。"

仲裁庭管辖物业管理纠纷的依据是当事人认定的仲裁协议。仲裁协议有两种方式：一种是在订立合同时就约定一个条款，说明一旦有争议就提交仲裁，这叫仲裁条款；另一种方式是双方当事人出现纠纷后临时达成提交仲裁庭的书面协议。仲裁协议要写明以下内容：请求仲裁的意思表示；仲裁事项；选定的仲裁委员会。

2）物业管理纠纷仲裁处理的一般程序是：

①一方当事人向选定的仲裁委员会提交仲裁申请书；

②委员会于收到申请书后5日内决定立案或不立案；

③立案后在规定期限内将仲裁规则和仲裁员名册送申请人，并将仲裁申请书副本和仲裁规则、仲裁员名册送达被申请人；

④被申请人在规定期限内答辩，双方按名册选定仲裁员。普通程序审理时由三名仲裁员组成，双方各选一名，仲裁委员会指定一名任首席仲裁员；案情简单、争议标的小的，可以适用简易程序，由一名仲裁员审理；

⑤开庭：庭审调查质证、辩论、提议调解；

⑥制作调解书或调解不成时制作裁决书。

与司法审判的两审终审制不同，仲裁裁决是一裁终局的。

（3）物业管理纠纷的诉讼。

当事人通过诉讼方式解决民事、行政纠纷是较常见的方式。诉讼的管辖是人民法院。与仲裁明显不同，人民法院对已提交诉讼的当事人的管辖是强制性的。物业管理民事纠纷的诉讼程序大体上有以下几个步骤：

1）当事人一方（原告）提交起诉状，起诉至法院；

2）法院审查立案后将起诉状副本送达被告；

3）被告提交答辩状；

4）开庭：调查、辩论、调解；

5）制作调解书或一审判决书；

6）双方均不上诉，则判决书生效；若一方不服提起上诉，进入第二审程序；

7）第二审审理：制作二审调解书或下达二审判决书，此为终审判决，不得上诉。

无论仲裁还是司法诉讼，均应贯彻合法公正的原则，即以事实为根据，以法律为准绳。由于物业管理法规规章不健全，实践中应注重民法、房地产法、合同法等一般法律与物业管理专门法规及地方法规规章的衔接，并依据宪法处理好法规的效力认定和冲突的解决。同时，在诉讼或仲裁活动中，对业主、业主大会、业主委员会的代表地位和诉权、请求权行使要有明确的了解和认可，处理好单个业主的意见与小区业主意志的关系，确认业主委员会在物业管理纠纷中的代表地位，以便及时处理纠纷，理顺关系，建立良好的物业管理和权利义务关系。

6.2.3 案例的评析

本案中，陈先生与开发商签订的房地产买卖合同中如果对渗水、开裂等质量问题是有约定的，则按照约定处理。如无上述约定，依据我国《物业管理条例》及相关法规对房屋建成后保修期的规定，在房屋维修期内，发现渗水，可以要求开发商确定的维修部门上门维修；如果多次维修仍然存在渗水问题，疑属于房屋质量所致，陈先生可委托房屋质量鉴定部门对房屋质量进行鉴定，确实属于房屋质量问题的，且该房屋质量问题影响购房人居住的，可凭借房屋质量鉴定，要求开发商维修并承担赔偿责任。

案例 6.3

××房地产开发公司在某市滨湖新区开发住宅小区。2004 年 10 月 1 日正式交房后，业主金女士由于要去美国陪伴未成年的孩子读书，于是委托小区内的物业公司将自己的房屋代为出租。双方签订合同，约定由物业公司代金女士出租房屋并按月收取承租人缴纳的租金。物业公司通过委托××房地产中介公司将房屋挂牌出租，后由某公司职员小王租住下此房屋，双方约定房屋的月租金为 2000 元人民币。小王居住在所租赁的房屋内，没多久就发现家里的墙体出现霉斑并不时有大的漆块剥落，遂向物业公司提出。物业公司认为其只负责物业管理方面的工作，此处房屋为精装修房，房地产开发商在建造此房屋的同时已经完成了装修工作，所以墙体出现霉斑、漆块剥落属于房屋的质量问题，应当向房地产开发商索赔，房屋的产权人金女士也应对小王承担连带的赔偿责任。待金女士回国后，小王向金女士提出损害赔偿。金女士则认为：墙体霉变剥落并非人为损害造成，而是由于房产开发商在建造房屋的时候偷工减料，导致房屋质量不合格所致，错不在自己，拒绝修理房屋和赔偿小王损失。金女士同时也拒绝了物业公司要求其支付应该交给房屋中介公司的租赁房屋中介费以及物业公司代管房屋租赁事宜的报酬费用。与此同时，小王也拒绝缴纳房屋的租金。几方各执己见，争执不下，后起诉至人民法院。

法院通过审理后认为本案存在以下几个争议：

（1）房地产开发商在房屋交付后，对房屋是否还承担质量责任？如果有，具体是哪些责任？

（2）物业公司是否有权因为接受金女士出租房屋的委托而向金女士收取一定的报酬费用？物业公司委托中介公司发布金女士房屋出租的信息所产生的费用应该由谁来支付？

（3）由于房屋质量不合格给小王造成的损失应当由谁来承担？

6.3.1 问题的提出

1. 房屋交付使用后出现的房屋质量和修缮问题，由谁承担责任？
2. 房地产开发商对房屋的质量承担哪些责任？
3. 物业服务的基本内容有哪些？本案中所涉及的代为出租房屋属于何种性质的物业服务合同？

6.3.2 问题的解答

1. 房屋交付使用后，因多种因素影响会发生不同程度的损坏。对遭到损坏的房屋（包括房屋结构、房屋装饰和房屋设备等）进行修缮，应该由谁承担修缮责任呢？

在现实生活中，常会因房屋损坏而发生房地产开发商与购房业主、购房业主与物业公司、业主和建筑商之间的责任争议，继而引发一系列的争执和纠纷。

如何明确房屋修缮责任，解决好因房屋损坏而引发的争议和纠纷，是做好房屋售后服务的一项重要工作。

房屋损坏的原因可能各不相同，但是房屋损坏的修缮责任大致可以分为以下四类。

（1）法定责任。

所谓法定责任就是指房屋的损坏应由法律法规或者政策规定的责任人来承担房屋修理责任。如在"任务3 房地产开发建设法规应用"中介绍的房屋质量保修期限的有关规定。也就是说，在正常使用条件下，在国家有关法律法规、政策规定的期限内，房屋结构和设备等发生损坏由房地产开发建设单位承担房屋修缮责任。或在房屋维修保修期内，修理同一个损坏项目，其修缮责任由原提供房屋修缮服务的单位来承担。

（2）房屋所有权人责任。

房屋所有权人责任是指因正常使用、磨损或者因自然原因而导致房屋结构、装饰和设备逐渐老化和损坏，其修缮责任应由拥有该损坏房屋的所有权人来承担。如房屋的自用部位或自用设备等，因长年使用而导致自有部位磨损和设备锈蚀与老化等，其修缮责任由拥有该部位或该设备的房屋所有人来承担。如果损坏的部位和设备属于多个业主所共有，那么其修缮责任则由共同拥有该部位和设备的房屋所有权人共同承担。如果损坏的部位和设备属于全体业主所共有，那该房屋的修缮责任应由全体房屋所有权人来共同承担。

(3) 约定责任。

约定责任是指通过合约或者有关协议等来确定房屋修缮责任人。如房屋租赁这种交易行为，常常会因为在房屋租赁过程中使房屋发生损坏，其修缮责任究竟由谁来承担呢？在目前我国的相关法律法规政策中并没有对此类修缮事项作出明确规定，通常是由租赁双方在房屋租赁合同中加以约定。一般而言，房屋的自然损坏由房屋出租人承担修缮责任，如属于使用不当或违规使用而导致房屋损坏，则由承租人或使用人承担修缮责任。

(4) 使用人或行为人责任。

使用人或行为人责任是指因使用人使用不当或行为人的不当行为而导致房屋损坏的，应由使用人或行为人来承担房屋修缮责任。如无论是房屋所有权人，还是房屋承租人或者第三人，只要由其不当行为而导致房屋结构、装饰或者设备损坏的，就应由其承担房屋修缮责任。常见的情况有房屋违章搭建和违规装饰等。

2. 法律对房地产开发企业的责任规定还是很明确的。建设部对在正常使用条件下的房屋建筑工程的最低保修年限作了规定。保修期过后，物业管理公司应当承担有关的维修和保养协助义务。中华人民共和国《商品房销售管理办法》第三十三条规定：房地产开发企业应当对所售的商品房承担质量保修责任，此外，房地产开发企业还应当向买受人提供《住宅质量保证书》，作为其对销售的商品住宅承担质量责任的法律文件，并按保证书的要求承担保修责任。《商品房买卖合同》示范文本中也有出卖人的质量保修责任条款。因此，对于保修期限内发生的属于保修范围的质量问题，房地产开发企业应当履行保修义务，给住户造成损失的，还应当赔偿住户的损失。

对于房地产开发企业怠于履行自己的保修义务的情况，根据《最高人民法院关于审理商品房买卖合同纠纷案件适用法律若干问题的解释》第十三条的规定："交付使用的房屋存在质量问题，在保修期内，出卖人应当承担修复责任；出卖人拒绝修复或者在合理期限内拖延修复的，买受人可以自行或者委托他人修复。修复费用及修复期间造成的其他损失由出卖人承担。"

本案中的房屋质量问题属于房地产开发商对房屋的质量保证范围内。金女士可以依据《住宅质量保证书》，在保修期内，要求开发商承担维修义务。

建筑工程竣工后，应按法律规定进行验收，验收合格后方可交付使用。购房者入住前，除要求开发商提交《建设工程竣工验收备案表》和《测绘部门实测面积数据》外，还应该要求开发商提供《住宅质量保证书》和《住宅使用说明书》。《住宅质量保证书》是房地产开发企业对销售的商品住宅承担质量责任的法律文件，房地产开发企业应当按照《住宅质量保证书》的规定，承担保修责任。商品房出售后，开发企业委托物业管理公司等单位维修的，应在《住宅质量保证书》中明示所委托的单位。

3. 物业服务通常包括两部分内容：一是依据物业服务合同的约定由物业服务企业对房屋及配套的设施设备和相关场地进行维修、养护、管理、维护相关区域内的环境卫生和秩序所提供的公共性的服务；二是根据业主的需要所提供的个性化的特约服务和专项服务。

公共性的服务主要包括以下内容：
(1) 房屋共用部位的维修、养护与管理；
(2) 房屋共用设施设备的维修、养护与管理；
(3) 物业管理区域内共用设施设备的维修、养护与管理；
(4) 物业管理区域内的环境卫生与绿化管理服务；
(5) 物业管理区域内公共秩序、消防、交通等协管事项服务；
(6) 物业装饰装修管理服务；
(7) 物业档案资料的管理；
(8) 专项维修资金的代管服务。

物业服务企业提供特约服务和专项服务的，按照《物业管理条例》第四十四条规定：物业管理企业可以根据业主委托提供物业服务合同约定以外的服务，服务报酬由双方约定。理解这条规定，需注意以下几点：

(1) 提供物业服务合同约定以外的服务，并不是物业管理企业的法定义务。《物业管理条例》规定物业管理企业"可以"而不是"应当"提供相关服务，是因为物业服务企业是按照物业服务合同的约定来为物业管理区域内的全体业主提供公共性物业服务的专业化机构。合同约定之外的服务事项，由于当事人未作约定，按照契约自由原则，业主不能强行要求物业服务企业提供。当然，提供物业服务合同以外的服务，对业主而言，可以满足自身需求，提高生活质量；对物业服务企业而言，可以增强亲和力和业主的对其的认同感，同时获得一定的经济利益。因此，虽然提供相关服务不是物业管理企业的合同义务，但对于业主提出的特殊服务要求，有条件的物业服务企业应当尽可能地满足；无法满足的，尽量予以说明，以获得业主的理解。

(2) 合同以外的服务事项需由特定的业主和物业服务企业另行约定。需要此项服务的业主，需与物业服务企业另行协商，签订委托合同，约定双方的权利和义务。该委托合同与物业服务合同在主体、内容等方面并不一致，不能混为一谈。

(3) 物业服务合同约定以外的服务是一种有偿服务。有偿服务意味着接受服务者需为服务提供者支付对价—服务报酬。服务报酬的数额、支付方式、支付时间等由双方当事人自主约定。当然，一些物业服务企业出于经营策略考虑，也可能无偿地为业主提供某些服务。但一般情况下，该类服务协议与物业服务合同一样，属于双务合同的范畴，以有偿为原则。

物业服务合同是物业服务企业和业主享有权利和履行义务的基本依据，物业服务企业应当按照合同约定提供服务，业主则有按照合同约定履行缴纳物业服务费用等义务。《物业管理条例》中详细规定了物业服务合同的内容，规定服务内容、物业服务收费等都要在合同中明示。

《物业管理条例》对物业服务合同的形式和基本内容作了明确规定：业主大会选聘物业服务企业之后，业主委员会应当与物业服务企业订立书面的物业服务合同。物业服务合同应当对物业管理事项、服务质量、服务费用、双方的权利义务、专项维修资金的管理与使用、物业管理用房、合同期限、违约责任等内容进行明确约定。物业服务企业在承接物业时，应当办理物业验收手续，新旧物业服务企业之间要做好交接工作。并指出，物业服务企业应当协助做好物业管理区域内的安全防范工作。

物业管理活动的实质是业主和物业服务企业就物业管理服务为标的所进行的一项交易。物业服务合同确立了业主和物业服务企业之间被服务者和服务者的关系，双方是平等的民事主体的关系。除了物业服务合同约定的服务内容之外，物业服务企业可以接受业主和使用人的特别委托，为业主提供物业服务合同约定以外的服务内容。即可以接受业主的特别委托，并就该服务向业主收取相应的服务报酬费用。

本案中，物业公司应金女士的委托代为出租房屋，此项服务的内容超过了物业服务合同的基本内容，系由金女士特别委托，物业公司有权要求委托人金女士支付因为管理事项而支出的有关费用并收取相应的报酬。

6.3.3 案例的评析

房地产开发的售后服务的重要性不言自明。目前很多小区楼宇质量、水电供应经常出现问题，业主与物业公司之间的矛盾、纠纷，很多都是由于开发商不重视售后服务而造成的。本案中，金女士所出租的房屋存在质量问题，根据上文所述的法律规定应当由房地产开发商承担维修责任，物业公司不承担维修的责任。作为房屋的承租方，小王可以要求房屋的出租方金女士维修房屋并承担自己因房屋质量问题而遭受的损失。此外，物业公司与金女士之间的物业服务合同的基本条款中并不包括代为出租房屋的服务条款事项。金女士因为要出国而无法照管自己的房屋，委托物业公司代为出租，系物业服务合同中的特别委托事项，需要支付给物业公司相应的报酬。此外，由于物业公司在履行金女士委托事项中，支付了相关的费用，如支付给房屋中介机构的终结费用等，金女士应当支付此类费用。

纵观本案，给我们的启发是：

（1）业主和开发商签订了购房合同，因而开发商应该负责产品的保修和维修。这一点，无论是从法律还是从商业常规角度讲都是不能回避的。

（2）业主委员会根据业主大会的决议，在经过业主大会授权的情况下，可以采取招标的方式选聘物业服务企业，物业服务企业只是按照物业服务合同的约定对服务的范围、服务的项目、服务的标准等负责。

（3）物业服务企业和房地产开发企业的关系不再是"父子关系"，而是前期物业管理招投标的合同关系。物业公司对承接的物业管理项目应进行查验，发现有不符合质量标准的情况或达不到使用要求的，应当要求房地产开发企业进行修整，这为以后业主入住和使用扫除隐患，减少矛盾。

（4）房屋设计单位和项目监理公司应对房屋质量承担相应的连带责任，这样从源头上落实责任制，把住房屋质量关，为物业管理打好扎实的质量基础。

（5）房地产市场的产品（房屋）质量管理是一项全方位的质量管理工作。房地产开发企业不仅要注重房屋设计时的质量把关和房屋建造过程中的质量监管，更要注重房屋出售后的质量保修和售后服务工作。

售后服务工作是一项长期的服务工作，是房地产开发企业和物业服务企业创立企业品牌，赢得房地产市场认同的一项不可缺少的工作。

参 考 文 献

[1] 中国房地产估价师与房地产经纪人学会编写. 房地产基本制度与政策（第二版）. 北京：中国建筑工业出版社，2007.

[2] 蔡金墀，温兆民主编. 建筑工程监理工程师知识手册. 北京：中国计划出版社，1994.

[3] 李双元，温世扬主编. 比较民法学. 武汉：武汉大学出版社，1998.

尊敬的读者：

感谢您选购我社图书！建工版图书按图书销售分类在卖场上架，共设22个一级分类及43个二级分类，根据图书销售分类选购建筑类图书会节省您的大量时间。现将建工版图书销售分类及与我社联系方式介绍给您，欢迎随时与我们联系。

★ 建工版图书销售分类表（详见下表）。

★ 欢迎登陆中国建筑工业出版社网站www.cabp.com.cn，本网站为您提供建工版图书信息查询、网上留言、购书服务，并邀请您加入网上读者俱乐部。

★ 中国建筑工业出版社总编室　电　话：010—58934845

　　　　　　　　　　　　　　　传　真：010—68321361

★ 中国建筑工业出版社发行部　电　话：010—58933865

　　　　　　　　　　　　　　　传　真：010—68325420

　　　　　　　　　　　　　　　E-mail：hbw@cabp.com.cn

建工版图书销售分类表

一级分类名称（代码）	二级分类名称（代码）	一级分类名称（代码）	二级分类名称（代码）
建筑学（A）	建筑历史与理论（A10）	园林景观（G）	园林史与园林景观理论（G10）
	建筑设计（A20）		园林景观规划与设计（G20）
	建筑技术（A30）		环境艺术设计（G30）
	建筑表现·建筑制图（A40）		园林景观施工（G40）
	建筑艺术（A50）		园林植物与应用（G50）
建筑设备·建筑材料（F）	暖通空调（F10）	城乡建设·市政工程·环境工程（B）	城镇与乡（村）建设（B10）
	建筑给水排水（F20）		道路桥梁工程（B20）
	建筑电气与建筑智能化技术（F30）		市政给水排水工程（B30）
	建筑节能·建筑防火（F40）		市政供热、供燃气工程（B40）
	建筑材料（F50）		环境工程（B50）
城市规划·城市设计（P）	城市史与城市规划理论（P10）	建筑结构与岩土工程（S）	建筑结构（S10）
	城市规划与城市设计（P20）		岩土工程（S20）
室内设计·装饰装修（D）	室内设计与表现（D10）	建筑施工·设备安装技术（C）	施工技术（C10）
	家具与装饰（D20）		设备安装技术（C20）
	装修材料与施工（D30）		工程质量与安全（C30）
建筑工程经济与管理（M）	施工管理（M10）	房地产开发管理（E）	房地产开发与经营（E10）
	工程管理（M20）		物业管理（E20）
	工程监理（M30）	辞典·连续出版物（Z）	辞典（Z10）
	工程经济与造价（M40）		连续出版物（Z20）
艺术·设计（K）	艺术（K10）	旅游·其他（Q）	旅游（Q10）
	工业设计（K20）		其他（Q20）
	平面设计（K30）	土木建筑计算机应用系列（J）	
执业资格考试用书（R）		法律法规与标准规范单行本（T）	
高校教材（V）		法律法规与标准规范汇编/大全（U）	
高职高专教材（X）		培训教材（Y）	
中职中专教材（W）		电子出版物（H）	

注：建工版图书销售分类已标注于图书封底。